机动车系列车型查验辅助手册

载货汽车
查验辅助手册

ATLAS OF MOTOR VEHICLE MODEL SERIES

公安部道路交通安全研究中心 编

人民交通出版社股份有限公司
北京

内 容 提 要

本书介绍了载货汽车的车型分类，公安机关交通管理部门办理载货汽车登记业务时需查验的项目，及其配套的查验方法、合格判定要点、标准依据、常见不合格情形及相关工作要求等内容。

本书可供公安机关交通管理部门机动车登记查验相关岗位人员学习使用。

图书在版编目（CIP）数据

载货汽车查验辅助手册 / 公安部道路交通安全研究中心编. — 北京：人民交通出版社股份有限公司，2021.6

（机动车系列车型查验辅助手册）

ISBN 978-7-114-17422-3

Ⅰ. ①载…　Ⅱ. ①公…　Ⅲ. ①载重汽车－检测－手册　Ⅳ. ①U469.206-62

中国版本图书馆CIP数据核字（2021）第125796号

机动车系列车型查验辅助手册

书　　名：载货汽车查验辅助手册
著 作 者：公安部道路交通安全研究中心
责任编辑：姚　旭
责任校对：孙国靖　扈　婕
责任印制：张　凯
出版发行：人民交通出版社股份有限公司
地　　址：（100011）北京市朝阳区安定门外外馆斜街3号
网　　址：http://www.ccpcl.com.cn
销售电话：（010）59757973
总 经 销：人民交通出版社股份有限公司发行部
经　　销：各地新华书店
印　　刷：北京盛通印刷股份有限公司
开　　本：880 × 1230　1/32
印　　张：3.625
字　　数：100千
版　　次：2021年6月　第1版
印　　次：2023年11月　第4次印刷
书　　号：ISBN 978-7-114-17422-3
定　　价：20.00元

编 写 组

舒 强 陈 斌[1] 王艺帆 曾祥凯

周文辉 唐翠翠 马明月 梁 元

汤 婷 赵光明

[1] 陈斌就职于江苏南通车辆管理所。

前　言

PREFACE

本手册中“载货汽车”采用《机动车运行安全技术条件》（GB 7258—2017）的定义，即“设计和制造上主要用于载运货物或牵引挂车的汽车，也包括：装置有专用设备或器具但以载运货物为主要目的的汽车；由非封闭式货车改装的，虽装置有专用设备或器具，但不属于专项作业车的汽车。”

载货汽车是商品、物流运输的重要工具，具有运行频率高、工况复杂、磨损大等特点，若存在安全隐患，极易引发重特大交通事故，是事故源头排查、车辆安全查验的重点车型。从近些年全国通报的违规机动车产品来看，载货汽车生产企业在生产过程中不严格遵守国家安全技术标准，实际生产与《道路机动车辆生产企业及产品公告》申报状态不一致等问题较为突出，主要存在车辆识别代号打刻不符合国家标准，反光标识不符合国家标准，侧后防护装置不符合国家标准，轮胎层级、规格与《道路机动车辆生产企业及产品公告》不一致，尺寸、质量与《道路机动车辆生产企业及产品公告》不一致，货厢加高、加宽、加长装置等问题。为辅助广大机动车查验员快速掌握载货汽车查验基础知识，提高查验工作效率，编写组以《机动车查验工作规程》（GA 801—2019）、《机动车运行安全技术条件》（GB 7258—2017）等标准为依据，吸收借鉴一线机动车查验员实践经验，总结提炼载货汽车查验关键点，制作图文、汇集成册。

本手册各章节内容包括：依据《道路交通管理机动车类型》(GA 802—2019)，简要介绍载货汽车的主要车型分类，以帮助机动车查验员了解载货汽车的查验技术基础；依据《机动车查验工作规程》（GA 801—2019）和部分车管所查验工作经验，提炼总结出在办理注册登记业务时，载货汽车需查验的20多项查验项目，以及整体查验流程，以帮助机动车查验员掌握载货汽车的查验总体要求。本手册针对每个查验项目，以图、文、表相结合的方式，讲解相关查验要求、查验方法、合格判定、常见不合格情形、法规标准依据等，以帮助机动车查验员熟悉载货汽车查验具体内容。

编　者

2021年5月

目 录
CONTENTS

一　车型分类

载货汽车是指，设计和制造上主要用于载运货物或牵引挂车的汽车，也包括：装置有专用设备或器具但以载运货物为主要目的的汽车，由非封闭式货车改装的，虽装置有专用设备或器具，但不属于专项作业车的汽车。封闭式货车是指载货部位的结构为封闭厢体且与驾驶室连成一体，车身结构为一厢式或两厢式的载货汽车。

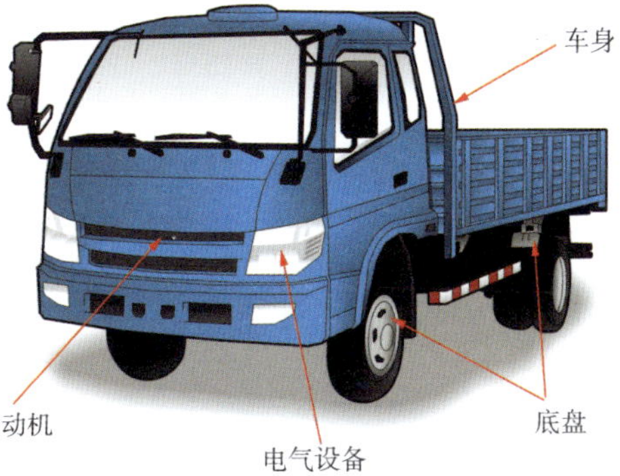

《道路交通管理　机动车类型》（GA 802—2019）规定了载货汽车类型的规格和结构分类、载货汽车使用性质分类，以及车辆类型的确定要求，适用于道路交通管理。

1 按照规格分类

根据车辆最大允许总质量和外廓尺寸，载货汽车可分为重型、中型、轻型、微型、三轮（三轮汽车）和低速（低速货车）。

载货汽车按规格分类

类　型	定　义
 重型载货汽车	总质量大于或等于12000kg的载货汽车
 中型载货汽车	车长大于或等于6000mm的载货汽车，或者总质量大于或等于4500kg且小于 12000kg 的载货汽车；但不包括重型载货汽车和低速货车
 轻型载货汽车	车长小于6000mm且总质量小于4500kg的载货汽车，但不包括微型载货汽车、三轮汽车和低速货车
 微型载货汽车	车长小于或等于3500mm且总质量小于或等于1800kg 的载货汽车，但不包括低速汽车
 三轮汽车	以柴油机为动力，最大设计车速小于或等于50km/h，总质量小于或等于2000kg，长小于或等于4600mm，宽小于或等于1600mm，高小于或等于2000mm，具有三个车轮的货车。其中，采用转向盘转向、由传动轴传递动力、有驾驶室且驾驶人座椅后有物品放置空间的，总质量小于或等于3000kg，车长小于或等于5200mm，宽小于或等于1800mm，高小于或等于2200mm。三轮汽车不应具有专项作业的功能

续上表

类　型	定　义
 低速货车	以柴油机为动力，最大设计车速小于70km/h，总质量小于或等于4500kg，长小于或等于6000mm，宽小于或等于2000mm，高小于或等于2500mm，具有四个车轮的货车。低速货车不应具有专项作业的功能

注：根据工信部门要求，自2017年1月1日起，《道路机动车辆生产企业及产品公告》（以下简称：《公告》）取消低速货车产品类别，停止生产、销售低速货车产品。

2 按照结构分类

根据载货部位的结构特征，可以分为栏板、厢式、自卸、罐式、仓栅式、平板、车辆运输、集装箱等14类车型。

载货汽车按结构分类

类　型	定　义
 栏板货车	载货部位的结构为栏板的载货汽车，包括具有随车起重装置的栏板载货汽车，但不包括多用途货车、具有自动倾卸装置的载货汽车
 多用途货车	具有长头车身和驾驶室结构、核定乘坐人数小于或等于5人（含驾驶人）、驾驶室高度小于或等于2100mm、货箱栏板（货厢）上端离地高度小于或等于1500mm、最大设计总质量小于或等于3500kg的载货汽车
 自卸货车	载货部位的结构为栏板且具有自动倾卸装置的载货汽车

续上表

类　型	定　义
 厢式货车	载货部位的结构为厢体且与驾驶室各自独立的载货汽车；除翼开式车辆外，厢体的顶部应封闭、不可开启
 仓栅式货车	载货部位的结构为仓笼式或栅栏式且与驾驶室各自独立的货车；载货部位的顶部应安装有与侧面栅栏固定的、不能拆卸和调整的顶棚杆，且不应具有（货箱）液压举升机构
 罐式货车	载货部位的结构为封闭罐体的载货汽车
 平板货车	载货部位的地板为平板结构且无栏板、无锁具、无孔洞等固定货箱（货厢）装置的载货汽车

续上表

类型	定义
 车辆运输车	载货部位经过特殊设计和制造，专门用于运输商品车的载货汽车
 特殊结构货车	专门运输特定物品、载货部位为特殊结构的载货汽车，包括未固定安装专用货箱的专用汽车，但不包括车辆运输车，如：混凝土搅拌运输车、车厢可卸式垃圾车、气瓶运输车
 封闭式货车	载货部位的结构为封闭厢体且与驾驶室连成一体，车身结构为一厢式或两厢式的载货汽车
 专门用途货车	由非封闭式货车改装的，虽装置有专用设备或器具，但不属于专项作业车的汽车，如：工具车、货车类教练车

续上表

类　型	定　义
 半挂牵引车	装备有特殊装置用于牵引半挂车的汽车
 全挂牵引车	专门用于牵引全挂车的汽车
 集装箱车	载货部位为骨架结构且无地板，专门运输集装箱（包括罐式集装箱，下同）的载货汽车

3 按照使用性质分类

根据《道路交通管理 机动车类型》（GA 802—2019）的规定，载货汽车可以申请的使用性质有租赁、教练、货运、危化品运输四类营运使用性质，以及警用、消防、救护、工程救险、营转非、非营运六类非营运使用性质。

载货汽车按照使用性质分类

分类		说明
营运	租赁	专门租赁给其他单位或者个人自行使用，不随车配备驾驶劳务、以租用时间或者租用里程计费的机动车
	教练	专门从事驾驶技能培训的机动车
	货运	专门从事货物（危险货物除外）运输的货车、挂车
	危化品运输	专门用于运输剧毒化学品、爆炸品、放射性物品、腐蚀性物品等危险货物的货车、挂车
非营运	警用	公安机关、国家安全机关、司法行政系统（包括监狱、戒毒管理机关和司法局）和人民法院、人民检察院用于执行紧急职务的机动车
	消防	用于灭火的专用机动车和现场指挥机动车
	救护	急救、医疗机构和卫生防疫等部门用于抢救危重病人或处理紧急疫情的专用机动车
	工程救险	防汛、水利、电力、矿山、城建、交通、铁道等部门用于抢修公用设施、抢救人民生命财产的专用机动车和现场指挥机动车
	营转非	原为营运机动车（出租客运汽车除外），现改为非营运机动车

注：非营运机动车没有对应细类的，使用性质确定为“非营运”。

二 查验项目

《机动车查验工作规程》（GA 801—2019）规定了机动车查验项目、查验要求和检验监督要求，适用于办理机动车业务时对机动车进行查验，也适用于公安机关交通管理部门对机动车安全技术检验进行监督。

载货汽车查验项目

序号	项目名称	内　　容
1	车辆识别代号	
2	发动机（驱动电机）型号和编号	
3	车辆照片类型	

续上表

序号	项目名称	内　　容
4	车身颜色	
5	车辆品牌和型号	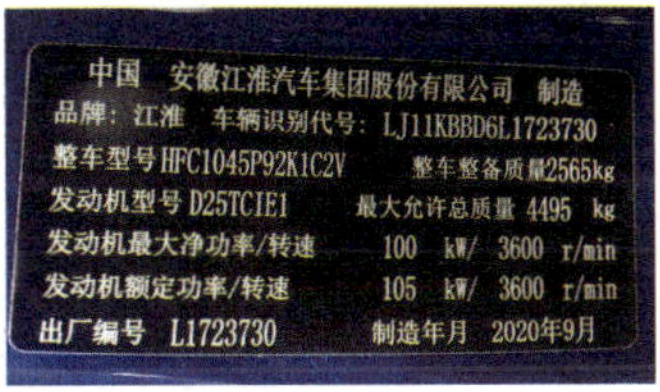中国　安徽江淮汽车集团股份有限公司　制造 品牌：江淮　车辆识别代号：LJ11KBBD6L1723730 整车型号 HFC1045P92K1C2V　整车整备质量2565kg 发动机型号 D25TCIE1　最大允许总质量 4495 kg 发动机最大净功率/转速　100 kW/ 3600 r/min 发动机额定功率/转速　105 kW/ 3600 r/min 出厂编号 L1723730　制造年月 2020年9月
6	外观形状	
7	外观标识/文字喷涂	
8	号牌板架	
9	车身反光标识	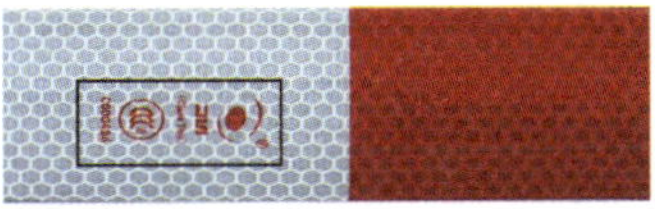
10	尾部标志板	

续上表

序号	项目名称	内　　容
11	侧后下防护装置	
12	三角警告牌	
13	汽车乘员反光背心	
14	轮胎完好/轮胎规格	
15	轴数/轴距	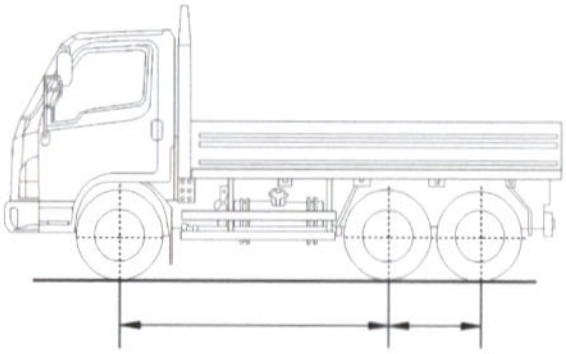

续上表

序号	项目名称	内　容
16	外廓尺寸	
17	整备质量	
18	核载人数	
19	安全带	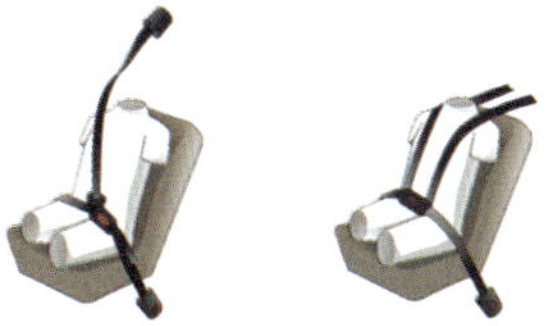
20	行驶记录装置	
21	辅助制动装置	
22	防抱死制动装置	

续上表

序号	项目名称	内容
23	外接充电接口	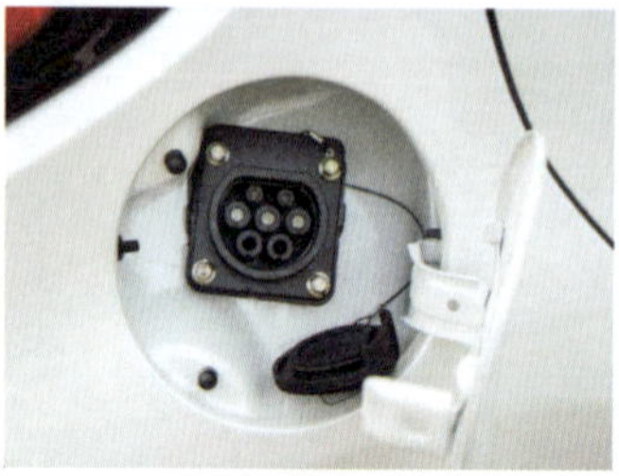
24	进口载货汽车特殊项目	   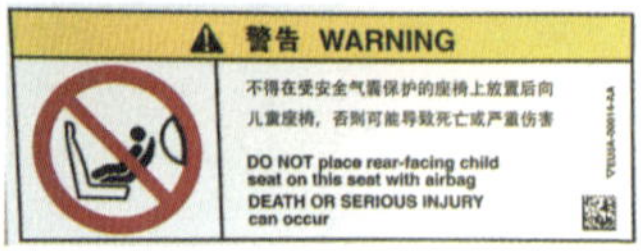

续上表

序号	项目名称	内　　容
24	进口载货汽车特殊项目	 
25	标志灯具警报器	   

三 查验流程

“点、线、面”查验法指查验员在机动车查验过程中，按照顺时针的方向围绕被查验的车辆，在一个“面”内，对不同“线”上的多个“点”进行的车辆查验合格性确认过程。“点”是指具体的机动车查验项目；“线”是指多个机动车查验项目“点”连接形成的“线”；“面”是指查验员围绕机动车顺时针移动，随站位和视角变换形成的“面”。

“点、线、面”查验方法及内容

步骤	方位	项目
1	 车辆左前方	①查看机动车整车出厂合格证（以下简称“合格证”）防伪标志； ②查看《公告》数据，比对合格证、《公告》数据相符性； ③查看《公告》照片，确认实车与《公告》、标准照片一致； ④核对机动车安检报告； ⑤确认整备质量
2	 车辆正前方	①示廓灯； ②间接视野装置； ③前风窗玻璃完好情况； ④商标厂牌标识； ⑤前部照明灯具； ⑥前号牌板架； ⑦前轴轮胎花纹； ⑧外部标识

续上表

步骤	方　位	项　目
3	 车辆右前方	①比对《公告》照片； ②驾驶室喷涂； ③产品标牌； ④副驾驶室座椅布置及安全带； ⑤车辆识别代号； ⑥发动机号； ⑦右前轮胎完好及轮胎规格
	 车辆右中方	①罐体喷涂； ②右侧厢（罐）体车辆识别代号； ③车身反光标识； ④侧反射器及侧标志灯； ⑤侧面防护装置； ⑥轴数、轴距及分布形式
	 车辆右后方	①反光背心、三角牌； ②比对《公告》照片； ③右后轮胎完好及轮胎规格
4	 车辆正后方	①示廓灯； ②尾部标志板； ③车身反光标识； ④后部照明灯具； ⑤后号牌板架及灯具； ⑥后下部防护装置； ⑦后轴轮胎花纹； ⑧外部标识
5	 车辆左侧	同右侧查验要求

续上表

步骤	方位	项目
6	 驾驶室	①驾驶室座椅布置及安全带； ②可见光透射比； ③ABS指示灯及自检功能； ④辅助制动装置； ⑤行驶记录装置
7	全车查验结束	车身颜色、核定载人数、车辆类型

四 查验内容

1 车辆识别代号

1 查验要求

对于申请办理下列业务的载货汽车，查验车辆识别代号：

（1）注册登记。

（2）转移登记。

（3）变更车身颜色。

（4）改变使用性质。

（5）更换车身或者车架。

（6）更换发动机。

（7）因质量问题更换整车。

（8）转入。

（9）变更迁出。

（10）重新打刻车辆识别代号。

（11）重新打刻发动机号。

（12）申领、补领机动车登记证书。

（13）监督重点车辆报废解体。

（14）申请换发新能源汽车专用号牌。

2 查验方法

查验车辆识别代号时，应实车查看车辆识别代号的字母和数字，核对是否与出厂合格证、货物进口证明书（以下简称“进口凭证”）、机动车行驶证等凭证或者机动车登记信息一致，确认车辆识别代号有无被凿改等问题。

对2018年1月1日起出厂的总质量大于或等于12000kg的栏板式、仓栅式、自卸式、罐式货车及总质量大于或等于10000kg的栏板式、仓栅式、自卸式、罐式挂车，还应查验其货厢或常压罐体上是否按规定打刻了车辆识别代号。

办理载货汽车注册登记、转入、转移登记、变更迁出、更换车身或者车架、更换整车、申领机动车登记证书业务及重新打刻车辆识别代号变更备案时，应核对车辆识别代号拓印膜与实车打刻的车辆识别代号的字体、间距（或拍摄/制作打刻的车辆识别代号1：1还原照片），使用机动车查验智能终端拍摄打刻的车辆识别代号照片；属于重新打刻车辆识别代号的，收存重新打刻的车辆识别代号拓印膜。

注册登记查验时，还应按车辆产品使用说明书（或其他经主管部门认可的技术资料，如车辆产品一致性证书）的标示确定打刻的车辆识别代号的位置是否符合规定，使用机动车查验智能终端对货厢或常压罐体上打刻的车辆识别代号进行拍照。

常用辅助查验工具有强光手电、清洗剂、螺丝刀、放大镜、伸缩自发光反光镜等，专业设备包括内窥镜、蛇管视频探测仪、探伤仪、ECU（OBD）读取仪等。

车辆识别代号查验工具如下图所示。

强光手电

伸缩自发光反光镜

放大镜

内窥镜

ECU（OBD）读取仪

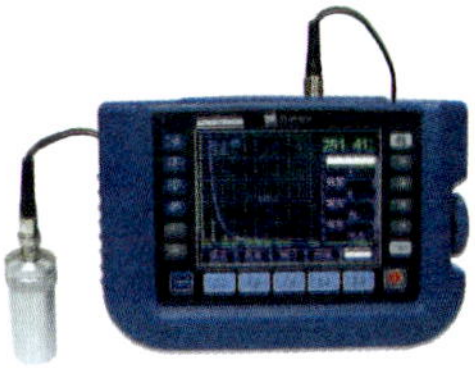

探伤仪

3 合格要点

要点一： 车辆具有唯一的车辆识别代号，打刻的车辆识别代号应易见且易于拓印，其内容应与相关凭证（出厂合格证、进口凭证或机动车行驶证）记载及整车产品标牌标明的车辆识别代号内容一致，并且不应有明显的更改、变动、凿改、挖补、打磨痕迹或垫片、擅自另外打刻等痕迹。在用车辆VIN码的字符特征、字符间隙及背景特征应与历史查验记录一致。

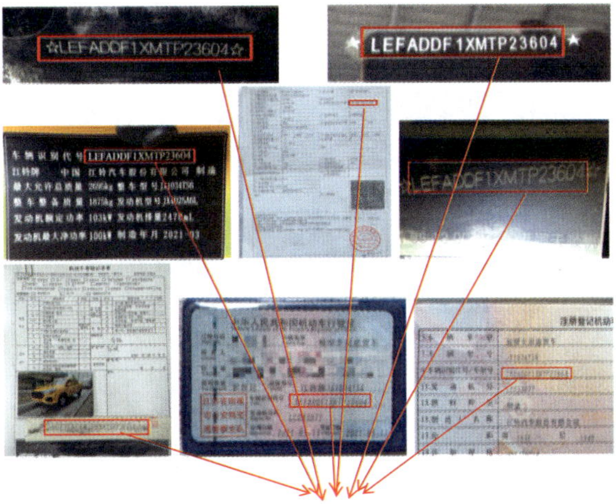

VIN一致

要点二： 应至少有一个车辆识别代号打刻在车架（无车架的机动车为车身主要承载且不能拆卸的部件）能防止锈蚀、磨损的部位上。2019年1月1日起出厂的总质量大于或等于 12000kg的货车，车辆识别代号应打刻在右前轮纵向中心线前端纵梁外侧，如受结构限制也可打刻在右前轮纵向中心线附近纵梁外侧。其他汽车的车辆识别代号应打刻在右侧前部的车辆结构件上，如受结构限制也可打刻在右侧其他车辆结构件上。

2018年1月1日起出厂的总质量大于或等于12000kg 的栏板式、仓栅式、自卸式、罐式载货汽车及总质量大于或等于10000kg 的栏板式、仓栅式、自卸式、罐式挂车，还应在其货厢或常压罐体（或固定在货箱或常压罐体上且用于与车架连接的结构件）上打刻至少两个车辆识别代号；打刻的车辆识别代号应位于货箱（常压罐体）左右两侧或前端面且易于拍照；且若打刻在货厢（常压罐体）左、右两侧时距货箱（常压罐体）前端面的距离应小于或等于1000mm，若打刻在左、右两侧连接结构件时应尽量靠近货箱（常压罐体）前端面（具体打刻位置可以查看产品说明书）。

在用车因腐蚀、交通事故等原因造成打刻的车辆识别代号无法确认需重新打刻的，应按照原号码打刻新的车辆识别代号，且在打刻时不应把原始号码打磨掉；在用车更换车身或车架的，更换的车身或车架上应按规定打刻原车辆识别代号的号码。重新打刻的车辆识别代号的打刻位置，宜尽可能符合《机动车运行安全技术条件》（GB 7258—2017）的4.1.3规定。

要点三：打刻的车辆识别代号（或产品识别代码、整车型号和出厂编号）从上（前）方应易于观察、拓印；对2018年1月1日起出厂的汽车还应能拍照。打刻的车辆识别代号的字母和数字的字高应大于或等于 7.0mm、深度应大于或等于 0.3mm。打刻的整车型号和出厂编号字高应为 10.0 mm，深度应大于或等于 0.3mm。打刻的车辆识别代号（或产品识别代码、整车型号和出厂编号）总长度应小于或等于 200 mm，字母和数字的字体和大小应相同（打刻在不同部位的车辆识别代号除外）；打刻的车辆识别代号两端有起止标记的，起止标记与字母、数字的间距应紧密、均匀。

要点四：打刻车辆识别代号（或产品识别代码、整车型号和出厂编号）的部件不应采用打磨、挖补、垫片、凿改、重新涂漆（设计和制造上为保护打刻的车辆识别代号而采取涂漆工艺的情形除外）等方式处理，但若注册登记查验时发现打刻的车辆识别代号及其附近可视区域存在局部打磨、涂漆等加工处理痕迹时，若上述痕迹不足以影响管理部门对车辆识别代号的识别和认定，不应简单认定为不符合现行国家标准《机动车运行安全技术条件》（GB 7258）的要求。2014年9月1日起出厂的汽车从上（前）方观察时打刻区域周边足够大面积的表面不应有任何覆盖物；如有覆盖物，该覆盖物的表面应明确标示“车辆识别代号”或“VIN”字样，且覆盖物在不使用任何专用工具的情况下能直接取下（或揭开）及复原，以方便地观察到足够大的包括打刻区域的表面。

注：打刻区域周边足够大的表面指：打刻车辆识别代号的部件表面；但所暴露表面能满足查看打刻车辆识别代号的部件有无挖补、重新焊接、粘贴等迹的需要时，也应视为满足要求。

要点五：总质量小于或等于3500kg的货车应在靠近风窗立柱的位置设置能永久保持的车辆识别代号标识；该标识从车外应能清晰地识读，非经破坏性操作不能被完整取下。

要点六：车辆识别代号的年份位、检验位等内容和构成应符合现行国家标准《道路车辆　车辆识别代号（VIN）》（GB 16735）的规定；其中，字母仅能采用大写的罗马字母，但I、O及Q不能使用；数字仅能采用阿拉伯数字0~9；车辆识别代号的第10位为年份位，可为制造车辆的历法年份或车辆制造厂决定的车型年份，但数字0和字母I、O、Q、U、Z不能使用。同一辆车上不允许既打刻车辆识别代号，又打刻整车型号和出厂编号。同一辆车上标识的所有车辆识别代号（包括电子控制单元记载的车辆识别代号）内容应相同。车辆识别代号（或产品识别代码、整车型号和出厂编号）一经打刻不应更改、变动，但按现行国家标准《道路车辆　车辆识别代号（VIN）》（GB 16735）的规定重新标示或变更的除外。2004年10月1日前出厂的改装汽车，可能有两个不同内容的车辆识别代号，此时应有一个车辆识别代号的内容与相关凭证相同。

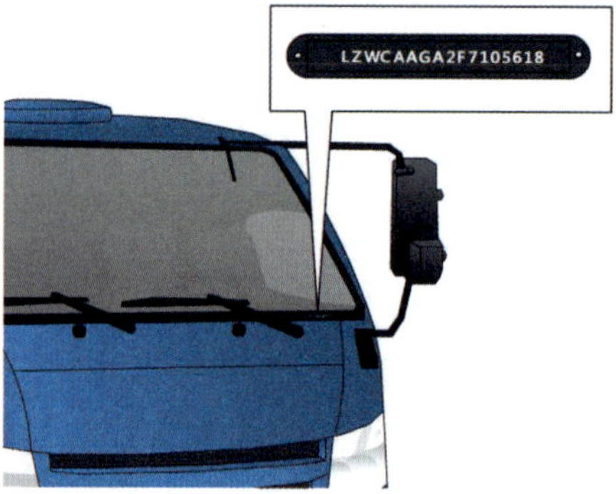

要点七：综合《机动车运行安全技术条件》（GB 7258—2017）4.1.3的要求及相关规定，2019年1月1日起出厂的具有电子控制单元的汽车，应至少有一个ECU记载有车辆识别代号等特征信息；ECU记载的车辆识别代号的内容应与汽车上其他部位标示的车辆识别代号的内容一致，且ECU记载的车辆识别代号等特征信息不应被篡改并能被市场上可获取的工具读取；汽车产品使用说明书上，应标明从ECU中读取车辆识别代号信息的方法，包括但不限于读取工具的型号及购买地点、方式等内容。注册登记查验时，可使用OBD解码仪等适用的仪器设备读取ECU等电子控制单元记载的车辆识别代号内容。

要点八：《道路车辆　车辆识别代号（VIN）》（GB 16735—2004）没有关于打刻车辆识别代号可重新标示或变更的相关规定，所以对适用《道路车辆　车辆识别代号（VIN）》（GB 16735—2004）的机动车，不存在车辆识别代号打刻错误后重新标示或变更的情形。对《道路车辆　车辆识别代号（VIN）》（GB 16735—

2019）实施之后出厂的适用车型，若出现标准规定的需重新标示或者变更的情形的，需报授权机构批准后，方可按照规定实施重新标示或者变更，并将信息及时传输到公安机关，比对通过后方可按照规定办理注册登记，不允许厂家未经批准擅自对车辆识别代号进行重新标示或变更。

4 知识拓展

车辆识别代号的内容和构成要符合现行国家标准《道路车辆 车辆识别代号（VIN）》（GB 16735）的规定。

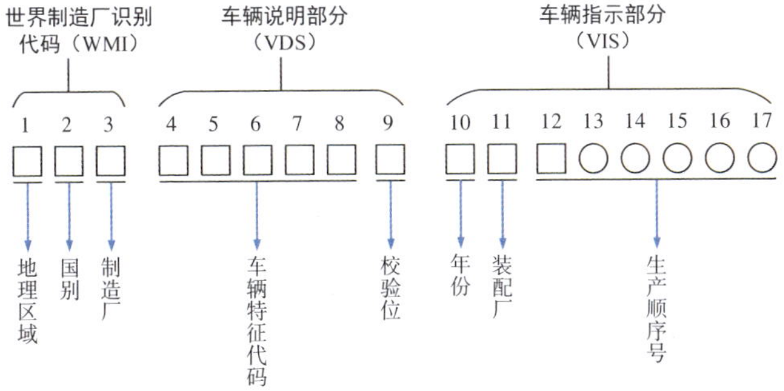

□——字母或数字　○——数字

车辆识别代号内容和构成

车辆识别代号解析

VIN位数	WMI位数	代码说明
1	1	地理区域代码，如非洲、亚洲、欧洲、大洋洲、北美洲和南美洲
2	2	国家代号
3	3	制造厂代码，由各国的授权机构负责分配
VIN位数	**VDS位数**	**代码说明**
4	1	描述车型特征，其代码及顺序由车辆制造厂决定。车型特征描述可包括： ①车辆类型； ②车辆结构特征（如：车身类型、驾驶室类型、货厢类型、驱动类型、轴数及布置方式等）； ③装置特征（如：约束系统类型、发动机特征、变速器类型、悬架类型、制动类型等）； ④车辆技术特性参数（如：车辆最大总质量、车辆长度、轴距、座位数等）
5	2	
6	3	
7	4	
8	5	

续上表

VIN位数	VDS位数	代码说明
9	6	校验位，可为“0~9”中任一数字或字母“X”，用以核对车辆识别代号记录的准确性
VIN位数	**VIS位数**	**代码说明**
10	1	车型年份
11	2	装配厂。0代表原厂装配
12~17	3~8	生产顺序号。一般情况下，车辆制造厂进行车辆召回时，都是针对某一顺序号范围内的车辆，即某一批次的车辆

车辆识别代号年份代码表

年份	代码	年份	代码	年份	代码	年份	代码
2001	1	2011	B	2021	M	2031	1
2002	2	2012	C	2022	N	2032	2
2003	3	2013	D	2023	P	2033	3
2004	4	2014	E	2024	R	2034	4
2005	5	2015	F	2025	S	2035	5
2006	6	2016	G	2026	T	2036	6
2007	7	2017	H	2027	V	2037	7
2008	8	2018	J	2028	W	2038	8
2009	9	2019	K	2029	X	2039	9
2010	A	2020	L	2030	Y	2040	A

5 常见不合格情形

车辆识别代号查验的常见不合格情形如下图。

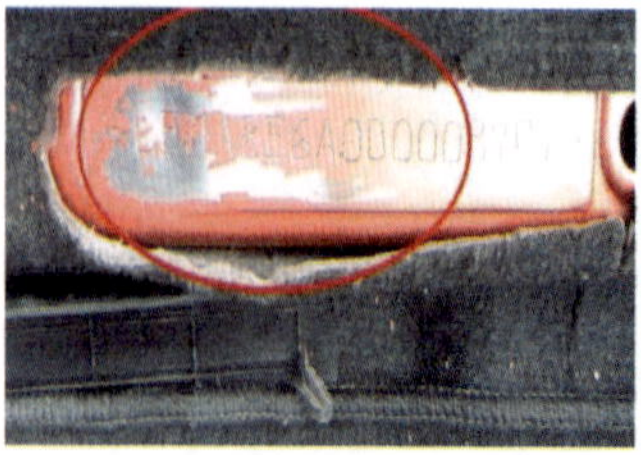

平台打磨

打磨后重新打刻

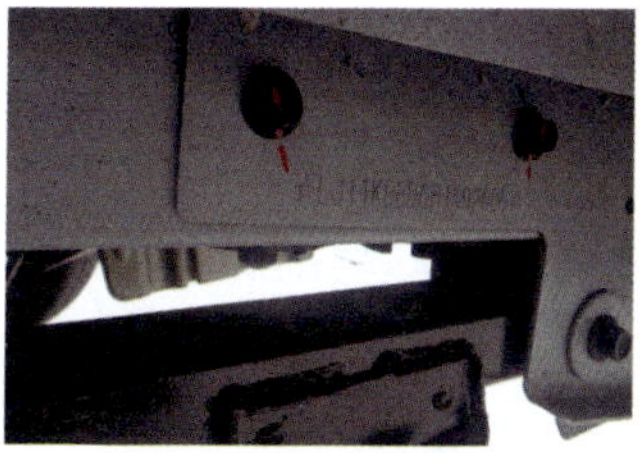

打刻在易于拆卸部件

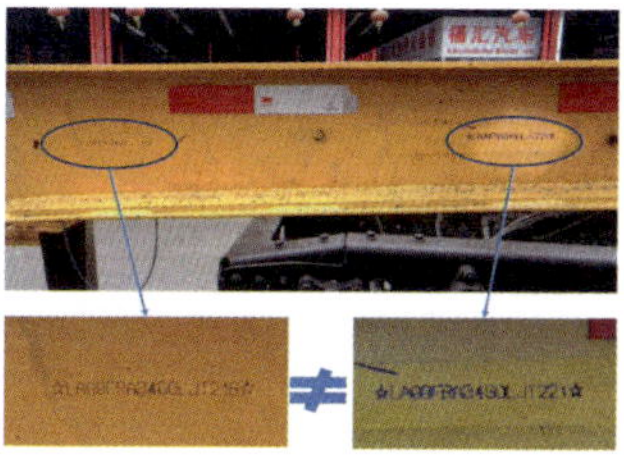

有两组不同的车辆识别代号

打刻深度不够，无法清晰拓印

挖补车辆识别代号

6 标准依据

涉及车辆识别代号查验的标准依据见下表。

涉及车辆识别代号查验的标准依据

名　称	章节	条　款
《机动车查验工作规程》（GA 801—2019）	5.11	查验车辆识别代号时，应实车查看车辆识别代号的字母和数字，核对是否与机动车整车出厂合格证明、货物进口证明书或者机动车行驶证等凭证一致，确认车辆识别代号有无被凿改等嫌疑；对2018年1月1日起出厂的总质量大于或等于12000kg 的栏板式、仓栅式、自卸式、罐式载货汽车及总质量大于或等于10000kg 的栏板式、仓栅式、自卸式、罐式挂车，还应查验其货箱或常压罐体上是否按规定打刻了车辆识别代号。办理机动车注册登记、转入、转移登记、变更迁出、更换车身或者车架、更换整车、申领机动车登记证书业务及重新打刻车辆识别代号变更备案时，应核对车辆识别代号拓印膜与实车打刻的车辆识别代号的字型、字体、间距的一致性；属于重新打刻车辆识别代号的，收存重新打刻的车辆识别代号拓印膜。注册登记查验时，还应按车辆产品使用说明书（或其他经主管部门认可的技术资料，如车辆产品一致性证书）的标示确定打刻的车辆识别代号的位置是否符合规定，拍摄/制作打刻的车辆识别代号1：1还原照片或1：1还原的车辆识别代号拓印膜照片，使用查验智能终端对货箱或常压罐体上打刻的车辆识别代号进行拍照

续上表

名　　称	章节	条　　款
《机动车查验工作规程》（GA 801—2019）	附录A表A.1.1	汽车、摩托车、半挂车、2012年9月1日起出厂的中置轴挂车和2014年9月1日起出厂的牵引杆挂车应具有唯一的车辆识别代号，且应至少有一个车辆识别代号打刻在车架（无车架的机动车为车身主要承载且不能拆卸的部件）能防止锈蚀、磨损的部位上，2013年3月1日起出厂的乘用车和总质量小于或等于3500kg的货车（低速汽车除外）还应在靠近风窗玻璃立柱的位置设置能永久保持的、从车外能清晰识读的车辆识别代号标识；轮式专用机械车应在右侧前部的车辆结构件上打刻产品识别代码（或车辆识别代号），如受结构限制也可打刻在右侧其他车辆结构件上；其他机动车应打刻整车型号和出厂编号，型号在前，出厂编号在后，出厂编号两端应打刻起止标记。2019年1月1日起出厂的总质量大于或等于12000kg的货车、货车底盘改装的专项作业车及所有牵引杆挂车，车辆识别代号应打刻在右前轮纵向中心线前端纵梁外侧，如受结构限制也可打刻在右前轮纵向中心线附近纵梁外侧；半挂车和中置轴挂车（无纵梁的除外）的车辆识别代号应打刻在右前支腿前端纵梁外侧。 打刻车辆识别代号（或产品识别代码、整车型号和出厂编号）的部件不应有明显的采用打磨、挖补、垫片、凿改、重新涂漆（为保护打刻的车辆识别代号而采取涂漆工艺的情形除外）等方式处理的痕迹；打刻的车辆识别代号应易见且易于拓印，其内容应与相关凭证（机动车整车出厂合格证明、《货物进口证明书》或《机动车行驶证》）记载及整车产品标牌标明的车辆识别代号内容一致，并且不应有明显的更改、变动、凿改、挖补、打磨痕迹或垫片、擅自另外打刻等痕迹；对2018年1月1日起出厂的汽车和挂车，还应能拍照。2014年9月1日起出厂的汽车、摩托车、半挂车和中置轴挂车，打刻的车辆识别代号从上（前）方观察时打刻区域周边足够大面积的表面不应有任何覆盖物；如有覆盖物，覆盖物的表面应明确标示“车辆识别代号”或“VIN”字样，且覆盖物在不使用任何专用工具的情况下能直接取下（或揭开）及复原。 2018年1月1日起出厂的总质量大于或等于12000kg 的栏板式、仓栅式、自卸式、罐式货车及总质量大于或等于10000kg的栏板式、仓栅式、自卸式、罐式挂车，还应在其货箱或常压罐体（或固定在货箱或常压罐体上且用于与车架连接的结构件）上打刻至少两个车辆识别代号；打刻的车辆识别代号应位于货箱（常压罐体）左、右两侧或前端面且易于拍照；且若打刻在货箱（常压罐体）左、右两侧时距货箱（常压罐体）前端面的距离应小于或等于1000mm，若打刻在左、右两侧连接结构件时应尽量靠近货箱（常压罐体）前端面型。

续上表

名　称	章节	条　款
《机动车查验工作规程》（GA 801—2019）	附录A表A.1.1	车辆识别代号的年份位、检验位等内容和构成应符合GB 16735的规定。同一辆车上不允许既打刻车辆识别代号，又打刻整车型号和出厂编号。同一辆车上标识的所有车辆识别代号（包括电子控制单元记载的车辆识别代号）内容应相同。车辆识别代号（或产品识别代码、整车型号和出厂编号）一经打刻不应更改、变动，但按GB 16735的规定重新标示或变更的除外。 在用车因腐蚀、交通事故等原因造成打刻的车辆识别代号无法确认需重新打刻的，应按照原号码打刻新的车辆识别代号，且在打刻时不应把原始号码打磨掉；在用车更换车身或车架的，更换的车身或车架上应按规定打刻原车辆识别代号的号码。重新打刻的车辆识别代号的打刻位置，宜尽可能符合GB 7258—2017的4.1.3的规定。 注1：2004年10月1日前出厂的改装汽车，可能有两个不同内容的车辆识别代号，此时应有一个车辆识别代号的内容与相关凭证相同。 注2：对摩托车，打刻的车辆识别代号在不举升车辆的情形下可观察、拓印的，视为满足要求。 注3：车辆识别代号中的字母仅能采用大写的罗马字母，但I、O及Q不能使用；数字仅能采用阿拉伯数字0~9。 注4：车辆识别代号的第10位为年份位，可以为制造车辆的历法年份或车辆制造厂决定的车型年份。年份位不能为数字0和字母I、O、Q、U、Z。 注5：注册登记查验时，发现打刻的车辆识别代号及其附近可视区域存在局部打磨、涂漆等加工处理痕迹时，若上述痕迹不足以影响管理部门对车辆识别代号的识别和认定，不应简单认定不符合GB 7258国家标准的要求
《机动车运行安全技术条件》（GB 7258—2017）	4.1.3	汽车、摩托车、挂车应具有唯一的车辆识别代号，其内容和构成应符合GB 16735 的规定；应至少有一个车辆识别代号打刻在车架（无车架的机动车为车身主要承载且不能拆卸的部件）能防止锈蚀、磨损的部位上。 乘用车的车辆识别代号应打刻在发动机舱内能防止替换的车辆结构件上，或打刻在车门立柱上，如受结构限制没有打刻空间时也可打刻在右侧除行李舱外的车辆其他结构件上；对总质量大于或等于12000kg 的货车、货车底盘改装的专项作业车及所有牵引杆挂车，车辆识别代号应打刻在右前轮纵向中心线前端纵梁外侧，如受结构限制也可打刻在右前轮纵向中心线附近纵梁外侧；对半挂车和中置轴挂车，车辆识别代号应打刻在右前支腿前端纵梁外侧（无纵梁的除外）；其他汽车和无纵梁挂车的车辆识别代号、轮式专用机械车的产品识别代码（或车辆识别代号）应打刻在右侧前部的车辆结

续上表

名　称	章节	条　款
《机动车运行安全技术条件》（GB 7258—2017）	4.1.3	构件上，如受结构限制也可打刻在右侧其他车辆结构件上。其他机动车（摩托车除外）应在相应的易见位置打刻整车型号和出厂编号，型号在前，出厂编号在后，在出厂编号的两端应打刻起止标记。 打刻车辆识别代号（或产品识别代码、整车型号和出厂编号）的部件不应采用打磨、挖补、垫片、凿改、重新涂漆（设计和制造上为保护打刻的车辆识别代号而采取涂漆工艺的情形除外）等方式处理，从上（前）方观察时打刻区域周边足够大面积的表面不应有任何覆盖物；如有覆盖物，该覆盖物的表面应明确标示“车辆识别代号”或“VIN”字样，且覆盖物在不使用任何专用工具的情况下能直接取下（或揭开）及复原，以方便地观察到足够大的包括打刻区域的表面。 打刻的车辆识别代号（或产品识别代码、整车型号和出厂编号）从上（前）方应易于观察、拓印；对于汽车和挂车还应能拍照。打刻的车辆识别代号的字母和数字的字高应大于或等于 7.0mm、深度应大于或等于 0.3mm（乘用车及总质量小于或等于3500kg 的封闭式载货汽车深度应大于或等于 0.2 mm），但摩托车字高应大于或等于 5.0mm、深度应大于或等于 0.2mm。打刻的整车型号和出厂编号字高应为 10.0 mm，深度应大于或等于 0.3mm。打刻的车辆识别代号（或产品识别代码、整车型号和出厂编号）总长度应小于或等于200 mm，字母和数字的字体和大小应相同（打刻在不同部位的车辆识别代号除外）；打刻的车辆识别代号两端有起止标记的，起止标记与字母、数字的间距应紧密、均匀。 车辆识别代号（或产品识别代码、整车型号和出厂编号）一经打刻不应更改、变动，但按GB 16735的规定重新标示或变更的除外。同一辆机动车的车架（无车架的机动车为车身主要承载且不能拆卸的部件）上，不应既打刻车辆识别代号（或产品识别代码），又打刻整车型号和出厂编号。同一辆车上标识的所有车辆识别代号内容应相同。 注1：打刻区域周边足够大面积的表面（足够大的包括打刻区域的表面）是指打刻车辆识别代号的部件的全部表面；但所暴露表面能满足查看打刻车辆识别代号的部件有无挖补、重新焊接、粘贴等痕迹的需要时，也应视为满足要求
	4.1.5	对具有电子控制单元（ECU）的汽车，其至少有一个ECU应记载有车辆识别代号等特征信息，且记载的特征信息不应被篡改并能被市场上可获取的工具读取
	4.1.6	乘用车和总质量小于或等于 3500kg 的载货汽车（低速汽车除外）应在靠近风窗立柱的位置设置能永久保持的车辆识别代号标识；该标识从车外应能清晰地识读，且非经破坏性操作不能被完整取下

续上表

名　称	章节	条　款
《机动车运行安全技术条件》（GB 7258—2017）	4.1.8	除按照4.1.2、4.1.3、4.1.5 标示车辆识别代号之外，总质量大于或等于12000kg 的栏板式、仓栅式、自卸式、罐式货车及总质量大于或等于10000kg 的栏板式、仓栅式、自卸式、罐式挂车还应在其货箱或常压罐体（或设计和制造上固定在货箱或常压罐体上且用于与车架连接的结构件）上打刻至少两个车辆识别代号。打刻的车辆识别代号应位于货箱（常压罐体）左、右两侧或前端面且易于拍照，深度、高度和总长度应符合4.1.3 的规定；且若打刻在货箱（常压罐体）左、右两侧时距货箱（常压罐体）前端面的距离应小于或等于1000mm，若打刻在左、右两侧连接结构件时应尽量靠近货箱（常压罐体）前端面
	4.1.10	对机动车进行改装或修理时，不应对车辆识别代号（或整车型号和出厂编号）、发动机型号和出厂编号、零部件编号、产品标牌、发动机标识等整车标志进行遮盖（遮挡）、打磨、挖补、垫片等处理及凿孔、钻孔等破坏性操作，也不应破坏或未经授权修改电子控制单元（ECU）等记载的车辆识别代号

2 发动机（驱动电机）号码

1 查验要求

对于申请办理下列业务的载货汽车，查验发动机（驱动电机）号码［包括发动机（驱动电机）型号和出厂编号］：

（1）注册登记。

（2）转移登记。

（3）更换车身或者车架。

（4）更换发动机。

（5）因质量问题更换整车。

（6）转入。

（7）变更迁出。

（8）重新打刻车辆识别代号。

（9）重新打刻发动机号。

（10）申请换发新能源汽车专用号牌。

2 查验方法

注册登记查验发动机（驱动电机，下同）号码时，应实车查看打刻（或铸出）的发动机型号和出厂编号，核对是否与出厂合格证、进口凭证等凭证一致，确认发动机号码有无被凿改等问题；如打刻（或铸出）的发动机型号和出厂编号不易见，只查看发动机易见部位或覆盖件上能永久保持的标有发动机型号和出厂编号的标识。因更换发动机申请变更登记的，查验安全技术检验合格证明上记载的发动机型号和出厂编号是否符合规定，在《机动车查验记录表》上记录相关信息；对更换发动机时不属于打刻原发动机号码的，在《机动车查验记录表》的备注栏内记录新的发动机型号和出厂编号。非注册登记查验时，查验发动机标识记载的内容或可见的发动机号码是否与登记信息一致；发现更换了发动机的，按照规定予以变更登记；发现登记错误的，按照规定予以档案更正；对发动机标识缺失或发动机标识的内容与打刻（或铸出）的发动机型号和出厂编号不一致的，确认、排除嫌疑并记录相关信息后予以办理；对2004年4月30日前注册登记的机动车，有疑问的应核对发动机出厂编号拓印膜。

3 合格要点

要点一：注册登记查验时，相关凭证上记载的“发动机型号和出厂编号”应与发动机标识上标明的发动机型号和出厂编号（或发动机缸体上打刻或铸出的、易见的发动机型号和出厂编号）及整车产品标牌上标明的发动机型号一致。

在用车查验时，已采集发动机标识（或可见的发动机号码）电子照片的，实车的发动机标识（或可见的发动机号码）与电子照片一致的，视为合格。

在用车更换发动机的，更换的发动机型号应与登记的发动机型号一致，但对国产车也可以为《公告》对应车型许可选装的其他发动机型号；其他情况下，实车的发动机标识缺失的，确认无私自更换发动机情形的，记录相关信息后视为合格。

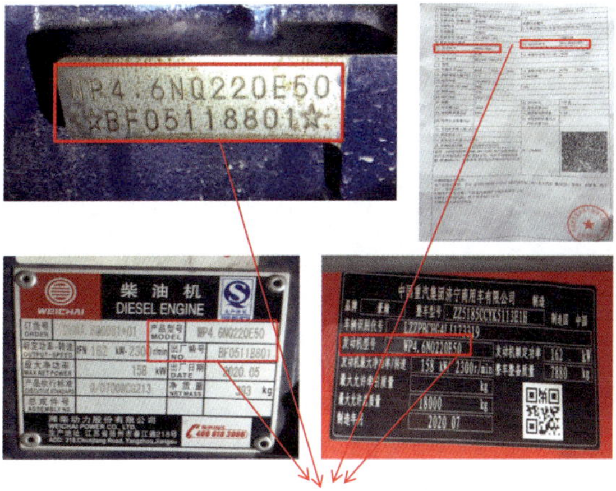

发动机信息一致

要点二：发动机型号和出厂编号打刻或铸在汽缸体上且应能永久保持，无明显的凿改、挖补、打磨痕迹或擅自另外打刻等异常情形。

要点三：若打刻（或铸出）的发动机型号和出厂编号不易见，则应在发动机易见部位增加能永久保持的发动机型号和出厂编号的标识。2013年3月1日起出厂的纯电动汽车、插电式混合动力汽车、燃料电池汽车和电动摩托车，应在驱动电机壳体上打刻电机型号和编号；除轮边电机、轮毂电机外的其他驱动电机，如打刻的电机型号和编号被覆盖，应留出观察口或在覆盖件上增加永久保持的电机型号和编号标识，留出的观察口原则上应便于从上（前）方观察，但若确实受结构所限制，观察口也可位于下方。

4 常见不合格情形

发动机（驱动电机）号码查验的常见不合格情形如下图。

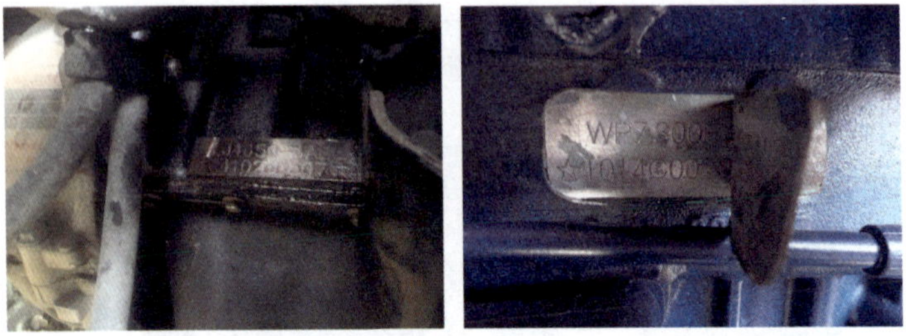

发动机号码垫片

发动机号码平台打磨

5 标准依据

涉及发动机（驱动电机）号码查验的标准依据见下表。

涉及发动机（驱动电机）号码查验的标准依据

名　　称	章节	条　　款
《机动车查验工作规程》（GA 801—2019）	5.12	注册登记查验发动机（驱动电机，下同）号码时，应实车查看打刻（或铸出）的发动机型号和出厂编号，核对是否与机动车整车出厂合格证明、货物进口证明书或机动车行驶证等凭证一致，确认发动机号码有无被凿改等嫌疑；如打刻（或铸出）的发动机型号和出厂编号不易见，只查看发动机易见部位或覆盖件上能永久保持的标有发动机型号和出厂编号的标识。因更换发动机申请变更登记的，查验安全技术检验合格证明上记载的发动机型号和出厂编号是否符合规定，在《机动车查验记录表》上记录相关信息；对更换发动机时不属于打刻原发动机号码的，在《机动车查验记录表》的备注栏内记录新的发动机型号和出厂编号。非注册登记查验时，查验发动机标识记载的内容或可见的发动机号码是否与登记信息一致；发现更换了发动机的，按照规定予以变更登

续上表

名　称	章节	条　款
	5.12	记；发现登记错误的，按照规定予以档案更正；对发动机标识缺失的，确认、排除嫌疑并记录相关信息后予以办理；对2004年4月30日前注册登记的机动车，有疑问的应核对发动机出厂编号拓印膜
《机动车查验工作规程》（GA 801—2019）	附录A 表A.1.2	发动机型号和出厂编号应打刻（或铸出）在气缸体上且应能永久保持；打刻的发动机出厂编号不应有明显的凿改、挖补、打磨痕迹或擅自另外打刻等异常情形。若打刻（或铸出）的发动机型号和出厂编号不易见，则应在发动机易见部位增加能永久保持的发动机型号和出厂编号的标识。2013年3月1日起出厂的纯电动汽车、插电式混合动力汽车、燃料电池汽车和电动摩托车，应在驱动电机壳体上打刻电机型号和编号；除轮边电机、轮毂电机外的其他驱动电机，如打刻的电机型号和编号被覆盖，应留出观察口或在覆盖件上增加永久保持的电机型号和编号标识。 注册登记查验时，相关凭证上记载的“发动机型号和出厂编号”应与发动机标识上标明的发动机型号和出厂编号（或发动机缸体上打刻或铸出的、易见的发动机型号和出厂编号）及整车产品标牌上标明的发动机型号一致。 在用车更换发动机的，更换的发动机型号应与登记的发动机型号一致，但对国产车也可以为《公告》对应车型许可选装的其他发动机型号；其他情况下，实车的发动机标识缺失的，确认无私自更换发动机情形的，记录相关信息后视为合格。 注1：2004年10月1日前出厂的机动车打刻的发动机型号和出厂编号不易见时，其发动机的易见部位不一定有发动机标识。 注2：已实现机动车电子档案影像化管理的，在用车查验时，实车的发动机标识（或可见的发动机号码）与电子档案中对应照片一致的，视为合格
《机动车运行安全技术条件》（GB 7258—2017）	4.1.4	发动机型号和出厂编号应打刻（或铸出）在气缸体上且应能永久保持，在出厂编号的两端应打刻起止标记（没有打刻起止标记的空间时不打刻）；摩托车应在发动机的易见部位铸出商标或厂标，发动机出厂编号应打刻在曲轴箱易见部位，在出厂编号的两端应打刻起止标记（没有打刻起止标记的空间时不打刻）；如打刻（或铸出）的发动机型号和出厂编号不易见，则应在发动机易见部位增加能永久保持的发动机型号和出厂编号的标识。 纯电动汽车、插电式混合动力汽车、燃料电池汽车和电动摩托车应在驱动电机壳体上打刻电机型号和编号。对除轮边电机、轮毂电机外的其他驱动电机，如打刻的电机型号和编号被覆盖，应留出观察口，或在覆盖件上增加能永久保持的电机型号和编号的标识；增加的标识应易见，且非经破坏性操作不能被完整取下

续上表

名　称	章节	条　款
《机动车运行安全技术条件》（GB 7258—2017）	4.1.10	对机动车进行改装或修理时，不应对车辆识别代号（或整车型号和出厂编号）、发动机型号和出厂编号、零部件编号、产品标牌、发动机标识等整车标志进行遮盖（遮挡）、打磨、挖补、垫片等处理及凿孔、钻孔等破坏性操作，也不应破坏或未经授权修改电子控制单元（ECU）等记载的车辆识别代号

3 机动车标准照片

1 查验要求

对于申请办理下列业务的载货汽车，制作或核对机动车标准照片：

（1）注册登记。

（2）转移登记。

（3）因质量问题更换整车。

（4）转入。

（5）变更迁出。

（6）对于因变更车身颜色。

（7）改变使用性质。

（8）更换车身或者车架。

2 查验方法

核对厂家配备的机动车彩色标准照片与实车外观特征、《公告》一致；使用查验智能终端（PDA）采集制作的应当符合标准照片要求。

3 合格要点

要点一： 机动车彩色照片应当从车前方左侧45°拍摄。

要点二：照片中机动车影像应占照片的2/3，能够清晰辨认车身颜色及外观特征，照片长度为88mm ± 0.5mm，宽度为60mm ± 0.5mm，圆角半径为4mm ± 0.1mm。

要点三：行驶证中机动车照片应与查验记录表上机动车照片一致。

4 常见不合格情形

（1）不能清晰辨别车辆前后商标（厂标）和车型文字标识。

（2）角度过小或过大［不足40° 或大于50° ，不能看清车前（后）面和侧面的内容］。

（3）车辆在照片中显示不全。

（4）车辆在照片中过小，不足照片面积的2/3。

（5）照片光线过暗或过亮，看不清车辆的特征。

（6）有其他遮挡物。

另外，新车随车照片不符合工业和信息化部、公安部两部委规定的违规情形较多，如未随车配发机动车外部彩色相片，不符合《关于进一步加强道路机动车辆生产一致性监督管理和注册登记工作的通知》（工信部联产业〔2010〕453号）的规定。

5 标准依据

涉及机动车标准照片查验的标准依据见下表。

涉及机动车标准照片查验的标准依据

名称	章节	条款
《机动车查验工作规程》（GA 801—2019）	4.1.1	对申请注册登记的机动车，应制作或核对机动车标准照片
《机动车行驶证》（GA 37—2008）	5.1.5.2	机动车外部彩色相片的规格为：长度88mm ± 0.5mm，宽度60mm ± 0.5mm，圆角半径为4mm ± 0.1mm。拍摄汽车相片时，应当从车前方左侧45° 角拍摄，拍摄摩托车和挂车相片时，应当从车后方左侧45° 角拍摄；机动车拍摄相片时，不悬挂机动车号牌，但已注册登记的机动车需要重新制作行驶证、拍摄相片时，可以悬挂机动车号牌。机动车影像应占相片的三分之二；机动车相片应当能够清晰辨认车身颜色及外观特征
《关于进一步加强道路机动车辆生产一致性监督管理和注册登记工作的通知》（工信部联产业〔2010〕453号）		车辆生产企业要规范整车出厂合格证式样。自2011年1月1日起，汽车（不含三轮汽车和低速货车）、半挂车产品出厂配发整车出厂合格证时要随车同时配发实车车辆识别代号的拓印膜（2份）、实车拍摄的机动车外部彩色相片（2张）

4 车身颜色

1 查验要求

对于申请办理下列业务的载货汽车，查验车身颜色：

（1）注册登记。

（2）转移登记。

（3）变更车身颜色。

（4）改变使用性质。

（5）更换车身或者车架。

（6）因质量问题更换整车。

（7）转入。

（8）变更迁出。

（9）重新打刻车辆识别代号。

（10）申领、补领机动车登记证书。

2 查验方法

确定车身颜色时，应根据实车核定；车身颜色随观察位置的不同及光线的明暗会发生变化的，应根据机动车标准照片确定相应的车身颜色。有疑问时可以借助标准色卡确认车身颜色。

对于单色车辆按照机动车车身基本色调归类录入；多颜色车辆，只录入面积较大的三种颜色；颜色为上下结构的，从上向下录入，颜色为前后结构的，从前向后录入。车身上有装饰线、装饰条的，不按照多颜色车辆录入。

从上向下核定为蓝、白色

从前之后为蓝、红色

装饰图案不计入车身颜色

“变色龙”根据标准照片确定颜色

3 合格要点

注册登记查验时，按照实车核定车身颜色，核定的车身颜色与出厂合格证、进口凭证等凭证、技术资料记载的内容不一致的，或者车身颜色随观察位置不同及光线明暗会发生变化的，经确认未变更车身颜色的，记录相关情况后办理。

变更车身颜色时，按照实车填写车身颜色。其他情况下，车身颜色应与机动车行驶证记载的车身颜色相符。

4 常见不合格情形

实车车身颜色与相关资料记载明显不一致。

4. 车辆品牌/车辆名称	解放牌
5. 车辆型号	CA5310XLCP25K2L7T4E5A80
7. 车身颜色	富贵红金属漆
8. 底盘型号/底盘ID	CA1310P25K2L7T4BE5A80
9. 底盘合格证编号	WAA01A701146083
11. 发动机号	53209700
12. 燃料种类	柴油
14. 排放标准	GB17691-2005国V，GB3847-2(

5 标准依据

涉及车身颜色查验的标准依据见下表。

涉及车身颜色查验的标准依据

名　称	章节	条　款
《机动车查验工作规程》（GA 801—2019）	5.9	确定车身颜色时，应根据实车核定；车身颜色随观察位置的不同及光线的明暗会发生变化的，应根据机动车标准照片确定相应的车身颜色
	附录A 表A.1.4	注册登记查验时，按照实车核定车身颜色，核定的车身颜色与机动车整车出厂合格证明、海关《货物进口证明书》等凭证、技术资料记载的内容不一致的，或者车身颜色随观察位置不同及光线明暗会发生变化的，经确认未变更车身颜色的，记录相关情况后办理；变更车身颜色时，按照实车填写车身颜色。其他情况下，车身颜色应与《机动车行驶证》记载的车身颜色相符
《机动车出厂合格证》（GB/T 21085—2020）	7.2.12	对于单一颜色车辆，车身颜色宜按照“白、灰、黄、粉、红、紫、绿、蓝、棕、黑”颜色归类填写；对于多颜色车辆，车身颜色应按照“先前后再上下”的顺序依次填写面积较大的三种颜色，颜色为前后结构时，从前向后填写，颜色为上下结构时，从上向下填写，颜色与颜色之间用“/”分隔；在车身上安装的装饰线、装饰条的颜色，不列入车身颜色
《道路交通管理信息采集规范 第2部分：机动车登记信息采集和签注》（GA/T 946.2—2020）	36	对于单色车辆按照机动车车身基本色调归类录入；多颜色车辆，只录入面积较大的三种颜色；颜色为上下结构的，从上向下录入，颜色为前后结构的，从前向后录入，车身上有装饰线、装饰条的，不按照多颜色车辆录入

5 车辆品牌和型号

1 查验要求

对于申请办理下列业务的载货汽车，查验车辆品牌和型号：

（1）注册登记。

（2）因质量问题更换整车。

2 查验方法

整车产品标牌上标明的车辆品牌、型号与合格证（国产机动车）或进口车辆中英文对照表（对进口机动车）等凭证和技术资料上记载的“车辆品牌”和“车辆型号”进行比对，对进口车辆中英文对照表未列入车辆品牌/型号的进口机动车，可参照进口机动车辆随车检验单证及其他经主管部门认可的技术资料（如：车辆产品一致性证书），确认车辆品牌/型号的符合性。

3 合格要点

合格证或中英文对照表（车辆产品一致性证书）等凭证和技术资料上记载的品牌和型号与整车标牌标明的品牌和型号相符。

合格证

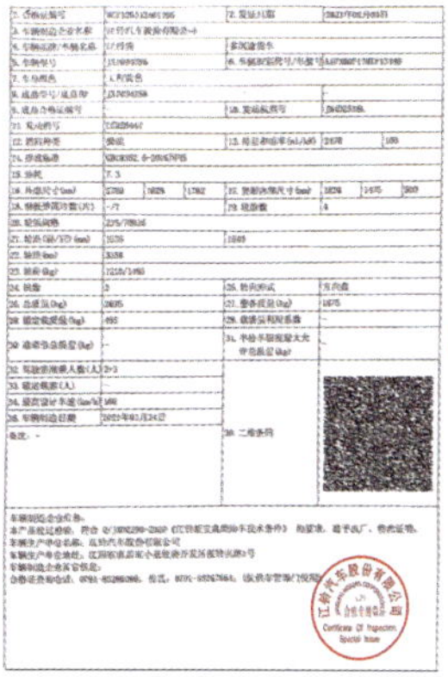

整车新产品标牌

4 常见不合格情形

产品标牌未固定、缺失，签注内容与车辆资料不一致（制造年月栏目不一致较多）。

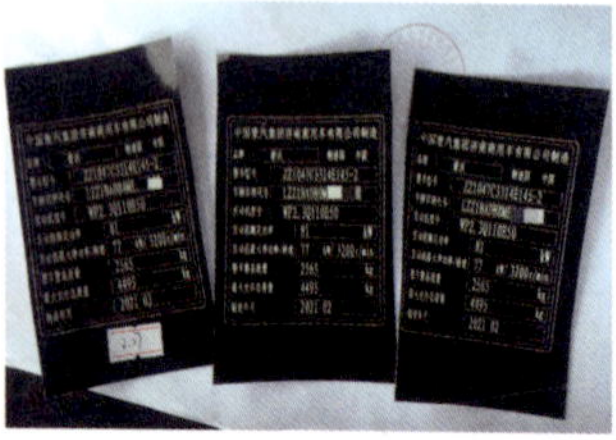

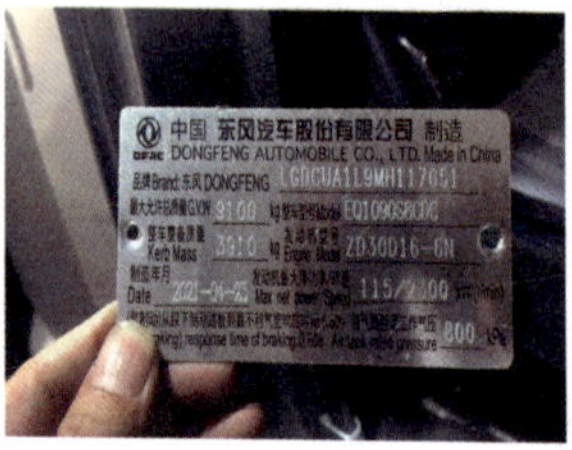

产品标牌未固定

5 标准依据

涉及车辆品牌和型号查验的标准依据见下表。

涉及车辆品牌和型号查验的标准依据

名称	章节	条款
《机动车查验工作规程》（GA 801—2019）	附录A表A.1.3	注册登记查验时，机动车整车出厂合格证明（对国产机动车）、进口车辆中英文对照表（对进口机动车）等凭证和技术资料上记载的“车辆品牌”和“车辆型号”与整车产品标牌上标明的车辆品牌、型号应相符。 对进口车辆中英文对照表未列入车辆品牌/型号的进口机动车，可参照进口机动车辆随车检验单证及其他经主管部门认可的技术资料（如：车辆产品一致性证书），确认车辆品牌/型号的符合性
《机动车运行安全技术条件》（GB 7258—2017）	4.1.2	机动车应至少装置一个能永久保持的产品标牌，该标牌的固定、位置及型式应符合GB/T 18411 的规定；产品标牌如采用标签标示，则标签应符合 GB/T 25978 规定的标签一般性能、防篡改性能及防伪性能要求。改装车应同时具有改装后的整车产品标牌及改装前的整车（或底盘）产品标牌。 机动车均应在产品标牌上标明品牌、整车型号、制造年月、生产厂名及制造国，各类机动车产品标牌应标明的其他项目见表 1。产品标牌上标明的内容应规范、清晰耐久且易于识别，项目名称均应有中文名称

6 补充知识点

现行国家标准《机动车运行安全技术条件》（GB 7258）规定

了各类机动车产品标牌应补充标明的项目，现行国家标准《机动车产品标牌》（GB /T 18411）规定了具体技术要求。

各类机动车产品标牌应补充标明的项目

机动车类型		应补充标明的项目
汽车[1]	载客汽车[2]	车辆识别代号、发动机（内燃机）型号、发动机最大净功率/转速、最大允许总质量（以下简称为“总质量”）、乘坐人数（乘员数）
	载货汽车[3]	车辆识别代号、发动机型号、发动机最大净功率/转速、总质量（半挂牵引车除外）、整车整备质量（以下简称为“整备质量”）、最大允许牵引质量（无牵引功能的货车除外）
	专项作业车[3]	车辆识别代号、发动机型号、发动机最大净功率/转速、总质量、专用功能关键技术参数
挂车		车辆识别代号、总质量、整备质量
摩托车[4]		车辆识别代号、发动机型号[5]、发动机实际排量或最大净功率[5]、整备质量
轮式专用机械车		产品识别代码（或车辆识别代号）、发动机型号、发动机标定功率、整备质量、最大设计车速
组成拖拉机运输机组的拖拉机		出厂编号、发动机标定功率、使用质量
特型机动车		车辆识别代号（或车架号）、发动机型号、发动机最大净功率、总质量、整备质量、外廓尺寸

注：❶ 纯电动汽车、插电式混合动力汽车、燃料电池汽车还应标明驱动电机型号和峰值功率，动力电池系统额定电压和额定容量（安时数），储氢容器型式、容积、工作压力（燃料电池汽车），纯电动汽车不标发动机相关信息，最大设计车速小于 70 km/h的汽车（低速汽车、设有乘客站立区的客车除外）还应标明最大设计车速。

❷ 乘用车、旅居车可不标发动机最大净功率转速，但还应标明发动机排量，乘用车具备牵引功能时还应标明最大允许牵引质量。

❸ 总质量小于12000kg的货车和专项作业车可不标发动机最大净功率转速，半挂牵引车还应标明牵引座最大设计静载荷。

❹ 正三轮摩托车还应标明装载质量或乘坐人数，两轮普通摩托车及两轮轻便摩托车可不标车辆识别代号。

❺ 电动摩托车应标明电机型号、额定功率、额定电压。

6 外观形状

1 查验要求

对于申请办理下列业务的载货汽车，查验车辆外观形状：

（1）注册登记。

（2）转移登记。

（3）变更车身颜色。

（4）改变使用性质。

（5）更换车身或者车架。

（6）更换发动机。

（7）因质量问题更换整车。

（8）转入。

（9）变更迁出。

（10）重新打刻车辆识别代号。

（11）重新打刻发动机号。

（12）申领、补领机动车登记证书。

（13）申请换发新能源汽车专用号牌。

2 查验方法

比对《公告》照片，注册登记查验时，对实行《公告》管理的国产机动车，实车外观形状应与《公告》的机动车照片一致，但装有《公告》允许选装部件除外；其他情况下，实车外观形状应与《机动车行驶证》上机动车标准照片记载的车辆外观形状一致（目视不应有明显区别），但装有允许自行加装部件除外。重点检查车辆厂标商标、照明灯具、后视镜和下视镜、驾驶人视区风窗玻璃、车身外部尖锐凸起物等细部特征、油箱位置，以及车体是否周正、各零部件是否连接牢固、无缺损等。有疑问时使用透光率计、钢尺、手锤和照明工具测量。

3 合格要点

（1）注册登记查验时，对实行《公告》管理的国产机动车，实车外观形状应与《公告》的 机动车照片一致，但装有《公告》允许选装部件的除外，允许选装的部件致使车辆外观出现明显变化时公告应该有照片。

其他情况下，实车外观形状应与《机动车行驶证》上机动车标准照片记载的车辆外观形状一致（目视不应有明显区别），但装有允许自行加装部件的除外。

（2）2012年9月1日起出厂的厢式货车和封闭式货车，驾驶室（区）两旁应设置车窗，货厢部位不应设置车窗［但驾驶室（区）内用于观察货物状态的观察窗除外］。

（3）外部照明灯具的透光面均应齐全，对称设置、功能相同的外部照明灯具的透光面颜色不应有明显差异。

（4）配备的后视镜和下视镜应完好。

（5）所有车窗玻璃应完好且未粘贴镜面反光遮阳膜，前风窗玻璃及风窗以外玻璃用于驾驶人视区部位的可见光透射比应大于或等于70%。

（6）车辆上装备的商标、厂标等整车标志应与车辆品牌/型号相适应。

（7）仓栅式货车/挂车的顶部应安装有与侧面栅栏固定的、不能拆卸和调整的顶棚杆，且2018年1月1日起出厂的仓栅式货车/挂车顶棚杆间的纵向距离应小于或等于 500mm；车辆运输挂车（包括中置轴挂车、半挂车）的后部不应设置有可能用于载运车辆的可伸缩的结构。

（8）进口车要求。转向灯的光色应为琥珀色，后雾灯的光色应为红色。后雾灯的安装位置应符合现行国家标准《汽车及挂车外部照明和光信号装置的安装规定》（GB 4785）的要求。所有电器导线（不包括正常查验时无法观察到的情形）均应捆扎成束、布置整齐、固定卡紧、接头牢固并在接头处装设绝缘套，在导线穿越孔洞时应装设阻燃耐磨绝缘套管。车速表指针式或者数字式显示其中一项速度单位有“km/h”。排气管口不得指向车身右侧（如受结构限制排气管口只能偏向右侧时，排气管口中心线与机动车纵向中心线的夹角应小于或等于 15°）；且对 2020 年 1 月 1 日起新出厂的汽车，若排气管口朝下则其气流方向与水平面的夹角应小于或等于45°。机动车标注的（正常查验时能观察到的）警告性文字均应有中文。

（9）新能源汽车。插电式混合动力汽车、纯电动汽车（换电式除外）应具有外接充电接口。

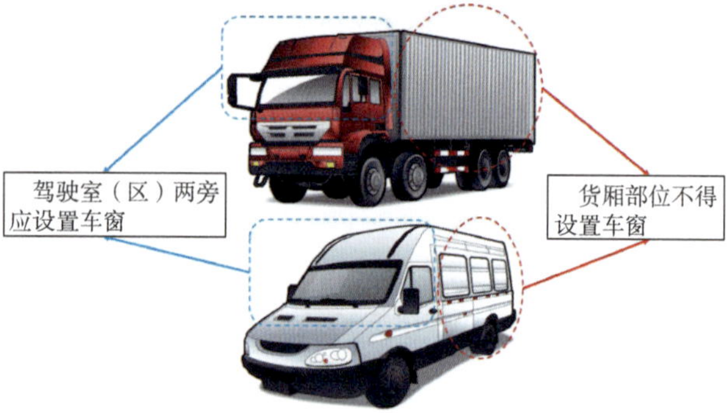

4 常见不合格情形

车辆外观与《公告》不一致，风窗玻璃粘贴遮阳膜后可见光透射比不符合规定。

《公告》罐体形状

实车罐体形状

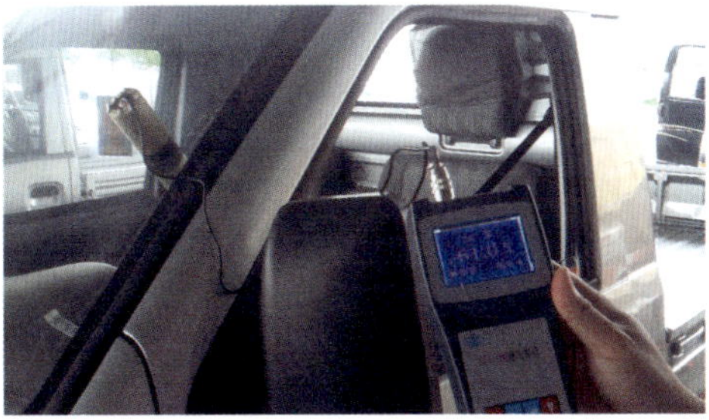

风窗玻璃粘贴遮阳膜后可见光透射比小于70%

5 标准依据

涉及车辆外观形状查验的标准依据见下表。

涉及车辆外观形状查验的标准依据

名　称	章节	条　款
《机动车查验工作规程》（GA 801—2019）	附录A 表A.1.7	外部照明灯具的透光面均应齐全，对称设置、功能相同的外部照明灯具的透光面颜色不应有明显差异。机动车配备的后视镜和下视镜应完好。前风窗玻璃及风窗以外玻璃用于驾驶人视区部位的可见光透射比应大于或等于70%；校车，2012年9月1日起出厂的公路客车、旅游客车，2018年1月1日起出厂的设有乘客站立区的客车以及发动机中置且宽高比小于或等于0.9的乘用车，所有车窗玻璃可见光透射比均应大于50%；2012年9月1日前出厂的公路客车和旅游客车，侧窗玻璃的可见光透射比若小于50%，不应视为不符合标准规定。所有车窗玻璃应完好且未粘贴镜面反光遮阳膜；校车、公路客车、旅游客车、设有乘客站立区的客车以及发动机中置且宽高比小于或等于0.9的乘用车，车窗玻璃不应张贴有不透明和带任何镜面反光材料之色纸或隔热纸（客车车窗玻璃上张贴的符合规定的客车用安全标志和信息符号除外）。 车辆上装备的商标、厂标等整车标志应与车辆品牌/型号相适应。 仓栅式货车/挂车的顶部应安装有与侧面栅栏固定的、不能拆卸和调整的顶棚杆，且2018年1月1日起出厂的仓栅式货车/挂车顶棚杆间的纵向距离应小于或等于500mm；车辆运输挂车（包括中置轴挂车、半挂车）的后部不应设置有可能用于载运车辆的可伸缩的结构。 注册登记查验时，对实行《公告》管理的国产机动车，实车外观形状应与《公告》的机动车照片一致，但装有《公告》允许选装部件的以及乘用车在不改变车辆长度宽度和车身主体结构且保证安全的情况下加装车顶行李架、出入口踏步件、换装散热器面罩和/或保险杠、更换轮毂等情形的除外；客车、旅居车、专项作业车乘坐区的两侧应设置车窗；

续上表

名称	章节	条款
《机动车查验工作规程》（GA 801—2019）	附录A 表A.1.7	2012年9月1日起出厂的厢式货车和封闭式货车，驾驶室（区）两旁应设置车窗，货厢部位不应设置车窗［但驾驶室（区）内用于观察货物状态的观察窗除外］；专用客车、专项作业车的乘坐区与作业区重合的部分，可只在一侧设置车窗，防弹运钞车押运员乘坐区的两侧可不设置车窗。其他情况下，实车外观形状应与《机动车行驶证》上机动车标准照片记载的车辆外观形状一致（目视不应有明显区别），但装有允许自行加装部件的以及乘用车对车身外部进行了加装/改装但未改变车辆长度宽度和车身主体结构的除外；机动车标准相片如悬挂有机动车号牌，其号牌号码和类型应与《机动车行驶证》记载的内容一致。 注1：查验员可以通过采集机动车标准照片信息核对机动车标准照片。 注2：国产车《公告》存在多个尺寸参数时，照片可以只反映其中一种尺寸参数
《机动车查验工作规程》（GA 801—2019）	附录A 表A.1.26	对国产汽车，其《公告》应标明是否属于新能源汽车及种类。对进口汽车，其车型应在海关总署进口新能源汽车目录范围内；对2016年 12月1日起进口的新能源汽车，其《进口机动车辆随车检验单》的“检验情况”栏应标明是否属于新能源汽车。 插电式混合动力汽车、纯电动汽车（换电式除外）应具有外接充电接口
	附录A 表A.1.27	部照明和信号装置：转向灯的光色应为琥珀色，后雾灯的光色应为红色。汽车、挂车后雾灯的安装位置应符合GB 4785—2007的要求，只有当远光灯、近光灯或前雾灯打开时后雾灯才能打开，且后雾灯可独立于任何其他灯而关闭。所有电器导线（不包括正常查验时无法观察到的情形）均应捆扎成束、布置整齐、固定卡紧、接头牢固并在接头处装设绝缘套，在导线穿越孔洞时应装设阻燃耐磨绝缘套管。 车速表指示：车速表可为指针式或者数字式显示，其中一项速度单位有“km/h”表示的，视为满足要求。排气管指向：汽车发动机的排气管口不得指向车身右侧（如受结构限制排气管口只能偏向右侧时，排气管口中心线与机动车纵向中心线的夹角应小于或等于15°）；且对2020年1月1日起新出厂的汽车，若排气管口朝下则其气流方向与水平面的夹角应小于或等于 45°。 中文警告性文字：机动车标注的（正常查验时能观察到的）警告性文字均应有中文。 如有英文“warning”等明确属于警告提示内容的均应有相关中文说明，但如无相应文字，已经用图形表示警告内容，视为满足要求

续上表

名　称	章节	条　款
《机动车运行安全技术条件》（GB 7258—2017）	4.8.1	机动车各零部件应完好，连接牢固，无缺损
	4.8.2	车体应周正，车体外缘左右对称部位高度差应小于或等于40mm
	11.5.7	前风窗玻璃驾驶人视区部位及驾驶人驾驶时用于观察外后视镜的部位的可见光透射比应大于或等于70%。所有车窗玻璃不应张贴镜面反光遮阳膜。公路客车、旅游客车、设有乘客站立区的客车、校车和发动机中置且宽高比小于或等于0.9的乘用车所有车窗玻璃的可见光透射比均应大于或等于50%，且除符合GB 30678规定的客车用安全标志和信息符号外，不应张贴有不透明和带任何镜面反光材料的色纸或隔热纸

7 外部标识/文字喷涂

1 查验要求

对于申请办理下列业务的载货汽车，查验外部标识/文字、喷涂。

（1）注册登记。

（2）转移登记。

（3）变更车身颜色。

（4）改变使用性质。

（5）更换车身或者车架。

（6）因质量问题更换整车。

（7）转入。

（8）变更迁出。

（9）重新打刻车辆识别代号。

（10）申领、补领机动车登记证书。

2 查验方法

目视检查，字高偏小的可使用钢直尺等测量工具测量。

针对不同车型，所需查验的内容不同。

查验内容

车　型	内　容
货车（多用途货车、货车类教练车除外）和专项作业车（消防车除外）	总质量（或最大允许牵引质量）、栏板高度、罐体容积和允许装运货物的种类或名称
冷藏车	还应查验在外部两侧易见部位上喷涂或粘贴明显的“冷藏车”字样
最大设计车速小于70km/h的汽车（低速汽车及设有乘客站立区的客车除外）	车身后部喷涂/粘贴的表示最大设计车速（单位：km/h）的阿拉伯数字
燃气汽车（包括气体燃料汽车、两用燃料汽车和双燃料汽车）	外部标识、文字

3 合格要点

要点一： 驾驶室（区）两侧喷涂总质量（半挂牵引车为最大允许牵引质量）；栏板货车和自卸车还应喷涂栏板高度；罐式货车还应在罐体上喷涂罐体容积及允许装运货物的种类。喷涂的中文及阿拉伯数字应清晰，高度应大于或等于80mm。

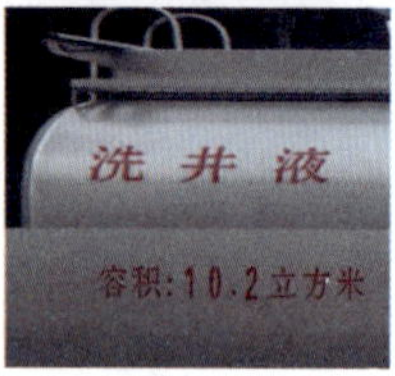

要点二： 气体燃料汽车、两用燃料汽车和双燃料汽车应按现行国家标准《天然气和液化石油气汽车　标志》（GB/T 17676）的规定，在车上标注其使用的气体燃料类型。各类汽车标志图形如下图所示。

压缩天然气汽车标志图形

液化天然气汽车标志图形

吸附天然气汽车标志图形

液化石油气汽车标志图形

4 常见不合格情形

未在驾驶室两侧按照规定喷涂、喷涂的字高不符合规定、未按规定设置燃气标识等违规情形较多。

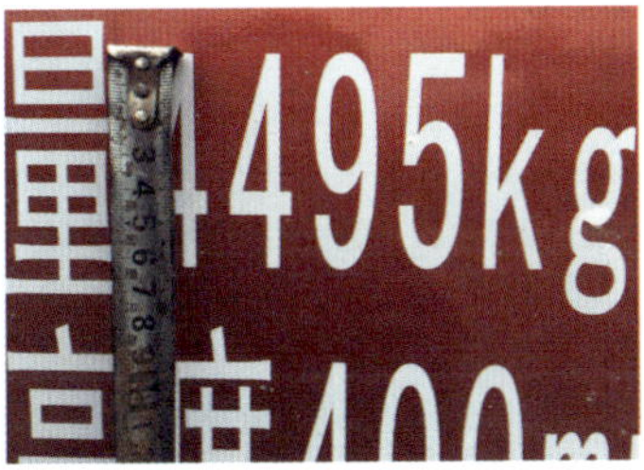

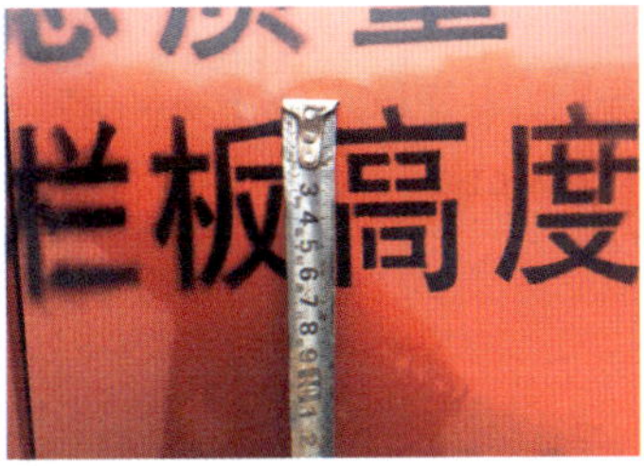

喷涂字高不符合规定

燃气车无燃气标识

未喷涂栏板高度、总质量

5 标准依据

涉及外部标识/文字喷涂查验标准依据见下表。

涉及外部标识/文字喷涂查验标准依据

名　称	章节	条　款
《机动车查验工作规程》（GA 801—2019）	4.1.2 i)	对危险货物运输车辆、燃气汽车（包括气体燃料汽车、两用燃料汽车和双燃料汽车，下同），查验外部标识、文字；对货车（多用途货车、货车类教练车除外）和专项作业车（消防车除外），查验是否喷涂了总质量（或最大允许牵引质量）、栏板高度、罐体容积和允许装运货物的种类或名称，对冷藏车还应查验在外部两侧易见部位上喷涂或粘贴明显的“冷藏车”字样；对教练车，查验是否在车身两侧及后部喷涂了“教练车”等字样；对最大设计车速小于70km/h的汽车（低速汽车及设有乘客站立区的客车除外），查验在车身后部喷涂/粘贴表示最大设计车速（单位：km/h）的阿拉伯数字
	附录A 表A.1.20	所有货车（多用途货车、货车类教练车除外）和专项作业车（消防车除外）均应在驾驶室（区）两侧喷涂总质量（半挂牵引车为最大允许牵引质量）；其中，栏板货车和自卸车还应在驾驶室两侧喷涂栏板高度，罐式汽车和罐式挂车（罐式危险货物运输车辆除外）还应在罐体两侧喷涂罐体容积及允许装运货物的种类。2018年1月1日起出厂的冷藏车，还应在外部两侧易见部位上喷涂或粘贴明显的“冷藏车”字样。喷涂的中文及阿拉伯数字应清晰，高度应大于或等于80mm。 2018年1月1日起出厂的最大设计车速小于70km/h的汽车（低速汽车、设有乘客站立区的客车除外）应在车身后部喷涂/粘贴表示最大设计车速（单位：km/h）的阿拉伯数字；阿拉伯数字的高度应大于或等于200mm，外围应用尺寸相匹配的红色圆圈包围。 燃气汽车（包括气体燃料汽车、两用燃料汽车和双燃料汽车）应按规定在车辆前端和后端醒目位置分别设置标注其使用的气体燃料类型的识别标志，标志图形为有边框的菱形，在方框中分别居中匀称地布置有大写印刷体英文字母“CNG”（压缩天然气汽车）、“LNG”（液化天然气汽车）、“ANG”（吸附天然气汽车）、“LPG”（液化石油气汽车）。 教练车应在车身两侧及后部喷涂高度大于或等于100mm的“教练车”等字样

续上表

名　称	章节	条　　款
《机动车运行安全技术条件》（GB 7258—2017）	4.7.6	所有货车（多用途货车除外）和专项作业车（消防车除外）均应在驾驶室（区）两侧喷涂总质量（半挂牵引车为最大允许牵引质量）；其中，栏板货车和自卸车还应在驾驶室两侧喷涂栏板高度，罐式汽车和罐式挂车（罐式危险货物运输车辆除外）还应在罐体两侧喷涂罐体容积及允许装运货物的种类。栏板挂车应在车厢两侧喷涂栏板高度。冷藏车还应在外部两侧易见部位上喷涂或粘贴明显的“冷藏车”字样和冷藏车类别的英文字母。喷涂的中文及阿拉伯数字应清晰，高度应大于或等于 80mm。 注：多用途货车是指具有长头车身和驾驶室结构、核定乘坐人数小于或等于5人（含驾驶人）、驾驶室高度小于或等于2100mm、货箱栏板上端离地高度小于或等于1500mm、最大设计总质量小于或等于3500kg的货车
	4.7.7	总质量大于或等于 4500kg 的货车（半挂牵引车除外）和货车底盘改装的专项作业车（消防车除外）、总质量大于3500kg 的挂车，以及车长大于或等于6m 的客车均应在车厢后部喷涂或粘贴/放置放大的号牌号码，总质量大于或等于12000kg 的自卸车还应在车厢左右两侧喷涂放大的号牌号码。受结构限制车厢后部无法粘贴/放置放大的号牌号码时，车厢左右两侧喷涂有放大的号牌号码的，视为满足要求。放大的号牌号码字样应清晰
	4.7.10	气体燃料汽车、两用燃料汽车和双燃料汽车应按GB/T 17676的规定标注其使用的气体燃料类型
	4.7.11	最大设计车速小于70km/h的汽车（低速汽车、设有乘客站立区的客车除外）应在车身后部喷涂/粘贴表示最大设计车速（单位，km/h）的阿拉伯数字；阿拉伯数字的高度应大于或等于200 mm，外围应用尺寸相匹配的红色圆圈包围
	4.7.12	教练车应在车身两侧及后部喷涂高度大于或等于100mm的“教练车”等字样

8 号牌板（架）/车辆号牌

1 查验要求

对于申请办理下列业务的载货汽车，查验车辆号牌板（架）/车辆号牌：

（1）注册登记。

（2）转移登记。
（3）转入。
（4）变更车身颜色。
（5）改变使用性质。
（6）更换车身或者车架。
（7）更换发动机。
（8）因质量问题更换整车。
（9）变更迁出。
（10）重新打刻车辆识别代号。
（11）重新打刻发动机号。
（12）申领、补领机动车登记证书。

2 查验方法

目视检查，重点检查号牌板（架）安装孔数量及规格是否可以满足标准号牌的安装、是否可以翻转、可视性是否符合标准、安装位置是否符合规定。

3 合格要点

车辆号牌板（架）：前号牌板（架）应设于前面的中部或右侧，后号牌板（架）应设于后面的中部或左侧；2016年3月1日起出厂机动车的每面号牌板（架）上应设有4个号牌安装孔，能用M6规格的螺栓将号牌直接牢固可靠地安装在车辆上。

车身前号牌板（架）

车身后号牌板（架）

车辆号牌：应安装在号牌板（架）处，号牌正置、横向水平、纵向基本垂直且使用符合现行行业标准《机动车号牌专用固封装置》（GA 804）的专用固封装置固封，号牌应无变形、遮盖和破损、涂改，号牌号码和种类应与《机动车行驶证》的记录一致，其汉字、字母和数字应清晰可辨、颜色应无明显色差。不允许使用可拆卸号牌架和可翻转号牌架。另外，重型、中型载货汽车及其挂车的车身或者后厢后部喷涂的放大牌号的尺寸为机动车登记编号的2.5倍，应清晰、完整。

4 常见不合格情形

车辆后部号牌板架安装在右侧、安装位置无法满足可视性要求、未按规定设置4个号牌安装孔、设计为可翻转形式。

号牌板架安装位置偏右

号牌板架安装位置无法满足可视性要求

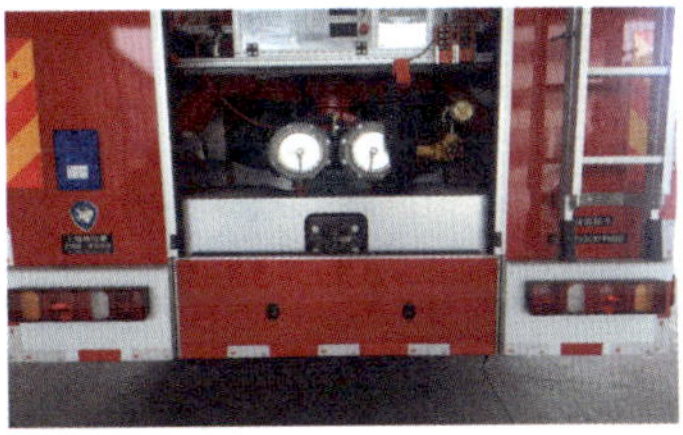

号牌板架未按规定设置4个号牌安装孔

可翻转前、后号牌板架

5 标准依据

涉及号牌板（架）/车辆号牌查验标准依据见下表。

涉及号牌板（架）/车辆号牌查验标准依据

名　称	章节	条　款
《机动车查验工作规程》（GA 801—2019）	附录A表A1.6	注册登记、转移登记及转入查验时，检查机动车号牌板（架）：前号牌板（架）（摩托车除外）应设于前面中部或右侧（按机动车前进方向），后号牌板（架）应设于后面中部或左侧，号牌板（架）应能安装符合GA 36要求的机动车号牌且号牌安装后不应被遮挡、覆盖，不允许采用号牌板能被翻转的结构。2013年3月1日起出厂的机动车每面号牌板（架）上应设有2个号牌安装孔，2016年3月1日起出厂的机动车每面号牌板（架）［三轮汽车前号牌板（架）、摩托车后号牌板（架）除外］上应设有4个号牌安装孔；号牌安装孔应保证能用M6规格的螺栓将号牌直接牢固可靠地安装在车辆上。 其他情况查验时，检查车辆号牌：号牌应安装在号牌板（架）处，号牌应正置、横向水平、纵向基本垂直且使用符合GA804的专用固封装置固封，号牌应无变形、遮盖和破损、涂改，号牌号码和种类应与《机动车行驶证》的记录一致，其汉字、字母和数字应清晰可辨、颜色应无明显色差。不允许使用可拆卸号牌架和可翻转号牌架
《中华人民共和国机动车号牌》（GA 36—2018）	10.1	领取金属材料号牌后应立即安装，安装要求如下：a) 应正面朝外、字符正向安装在号牌板（架）上，禁止反装或倒装；b) 前号牌安装在机动车前端的中间或者偏右（按机动车前进方向），后号牌安装在机动车后端的中间或者偏左，不应影响机动车安全行驶和号牌的识别；c) 安装要保证号牌无任何变形和遮盖，横向水平，纵向基本垂直于地面，纵向夹角不大于 15°（摩托车号牌向上倾斜纵向夹角不大于30°）；d) 安装孔均应安装符合 GA 804 要求的固封装置，但受车辆条件限制无法安装的除外；e) 使用号牌架辅助安装时，

续上表

名　称	章节	条　款
《中华人民共和国机动车号牌》（GA 36—2018）	10.1	号牌架内侧边缘距离机动车登记编号字符边缘大于5mm 以上，不应遮盖生产序列标识； f) 号牌周边不应有其他影响号牌识别的光源
	12.1	总质量大于或等于4500kg的货车（半挂牵引车除外）和货车底盘改装的专项作业车（消防车除外）、总质量大于3500kg的挂车以及车长大于或等于6m的客车均应在车厢后部喷涂或粘贴/放置放大的号牌号码。总质量大于或等于12000kg的自卸车还应在车厢左右两侧喷涂放大的号牌号码。受结构限制车厢后部无法粘贴/放置放大的号牌号码时，仅在车厢左右两侧喷涂放大的号牌号码
	12.2	放大的号牌号码字体尺寸不小于小型汽车号牌用字体的2.5倍
《机动车运行安全技术条件》（GB 7258—2017）	11.8.1	机动车应设置能满足号牌安装要求的号牌板（架）。前号牌板（架）（摩托车除外）应设于前面的中部或右侧（按机动车前进方向），后号牌板（架）应设于后面的中部或左侧
	11.8.2	每面号牌板（架）上应设有4个号牌安装孔［三轮汽车前号牌板（架）、摩托车后号牌板（架）应设有2个号牌安装孔］，以保证能用M6规格的螺栓将号牌直接牢固可靠地安装在车辆上

9 车身反光标识

1 查验要求

对于申请办理下列业务的货车（多用途货车、基于多用途货车改装的教练车除外），查验车身反光标识：

（1）注册登记。

（2）转移登记。

（3）变更车身颜色。

（4）改变使用性质。

（5）更换车身或者车架。

（6）因质量问题更换整车。

（7）转入。

（8）变更迁出。

（9）申领补领机动车登记证书。

2 查验方法

实车查验车身反光标识粘贴是否符合标准要求；对反光标识材料性能有疑问的，可使用反光标识检测仪等工具进行测量。

3 合格要点

要点一： 反光标识可分为反光模型反光标识和反射器型反光标识。

反光膜型车身反光标识由红白单元相间的条状材料组成，每单元的长度不小于150mm且不大于450mm，宽度可为50mm、75mm或100mm，白色单元加施有“3C”标识。在无法粘贴50 mm宽度尺寸反光膜的情况下，反光膜的宽度可为25mm。

反射器型反光标识分为红色和白色单元，每单元反射区域面积至少为25cm^2。

要点二： 反光标识粘贴总体要求。后部车身反光标识能体现车辆后部宽度和高度，横向总长度不小于后部宽度的80%，离地面高度最低位380mm；侧面反光膜型车身反光标识允许分隔粘贴，但应保持红白单元相间；总长度（不含间隔部分）应不小于车长的50%，但侧面车身结构无连续表面的混凝土搅拌运输车和专项作业车的侧面车身反光标识长度应不小于车长的30%；三轮汽车的侧面车身反光标识长度不应小于1200mm，货厢长度不足车长50%的载货汽车的侧面车身反光标识长度应为货厢长度。

车身反光标识粘贴示例如下图所示。

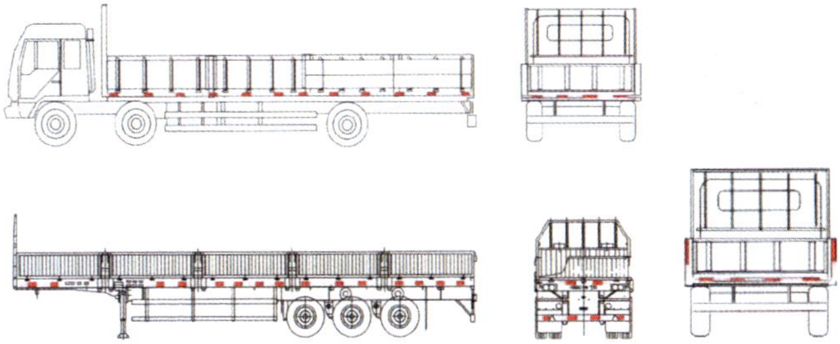

侧面　　　　后部

如因后部粘贴达不到规定面积，建议在货厢栏板的轮廓边缘进行补偿，勾勒出轮廓。

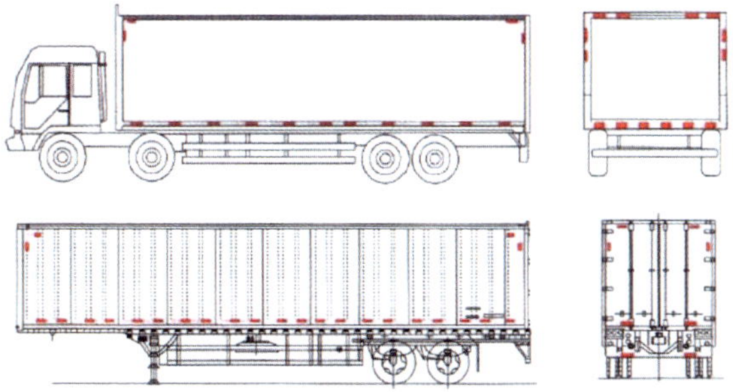

侧面　　　　后部

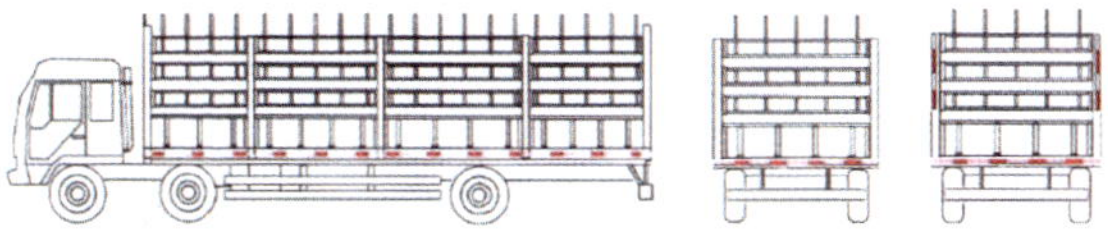

侧面　　　　后部

当后部粘贴面积达不到规定面积时，建议在车厢的轮廓边缘进行补偿，勾勒出轮廓。

侧面

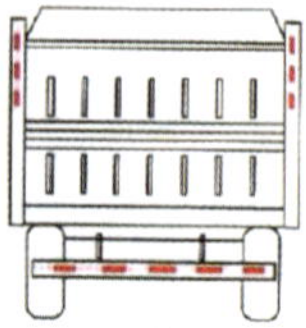

后部

侧面

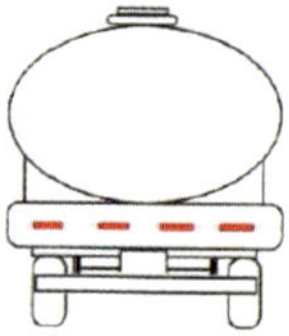

后部

侧面

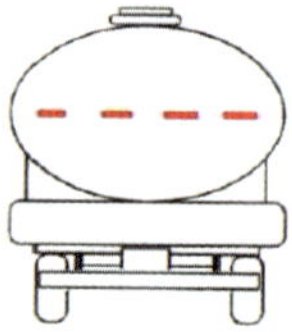

后部

这类车辆的车身反光标识粘贴应尽可能粘贴于罐体中部最宽处以增加夜间视认效果。如底盘承载面宽度和罐体宽基本一致，也可粘贴在底盘的承载面边缘。

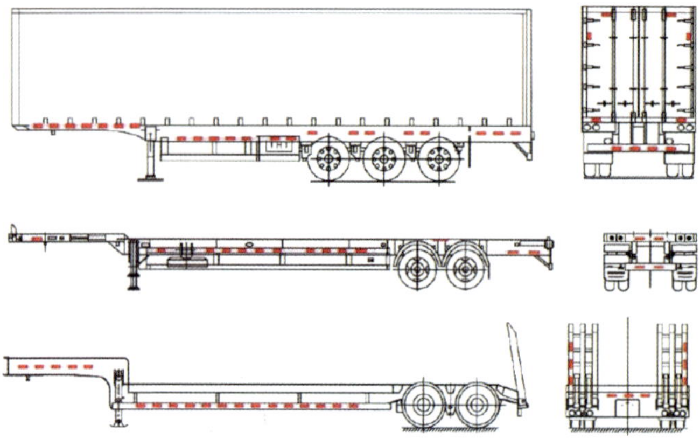

对尾部安装有爬梯的低平板运输半挂车，建议按图示要求进行粘贴，如无爬梯可在尾部适当位置粘贴以体现车辆尾部宽度；侧面粘贴时应尽可能体现半挂车整车长度。

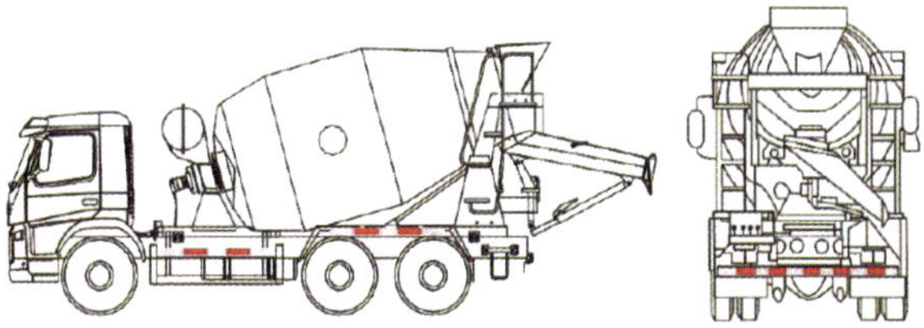

侧面　　后部

这类车辆粘贴时应尽可能沿底盘承载面位置粘贴，如特殊需要可在侧防撞护栏处补充粘贴。

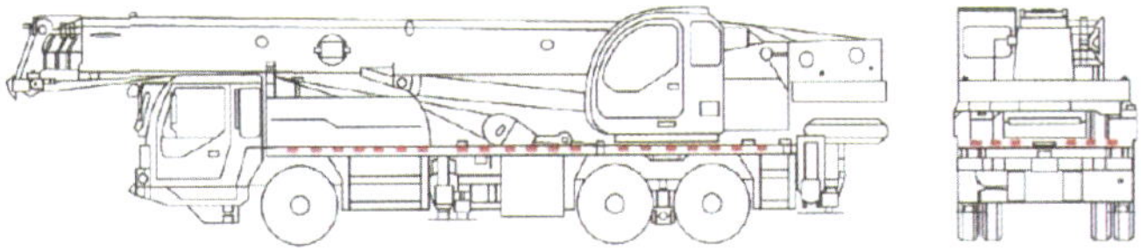

侧面　　后部

4 常见不合格情形

反光标识粘贴不规范，后部车身反光标识不能体现机动车后部宽度和高度，侧面车身反光标识间隔超出标准规定现象较多。

5 标准依据

涉及车身反光标识查验标准依据见下表。

涉及车身反光标识查验标准依据

名　称	章节	条　款
《机动车查验工作规程》（GA 801—2019）	5.13	对侧面及后下部防护装置离地高度、车身反光标识和车辆尾部标志板尺寸、面积等参数有疑问时，也应使用量具测量相关尺寸
	附录A 表A.1.15	货车（多用途货车、基于多用途货车改装的教练车除外）和货车底盘改装的专项作业车、最大设计车速小于或等于40km/h的其他汽车、所有挂车（旅居挂车除外）应按照GB 7258—2017的8.4.1、8.4.2及其他相关规定设置后部车身反光标识和车辆尾部标志板、侧面车身反光标识。 反光膜型车身反光标识为红白单元相间的条状反光膜材料，表面应完好、无破损；红白单元每一单元的长度应不小于150mm且不大于450mm，宽度可为50mm，75mm或100mm；白色单元上应加施有符合规定的“3C”标识。 后部车身反光标识应能体现机动车后部宽度和高度，其离地高度应不小于380mm。后部反光膜型车身反光标识与后反射器的面积之和，使用一级车身反光标识材料时应不小于$0.1m^2$，使用二级车身反光标识材料时应不小于$0.2m^2$。 侧面反光膜型车身反光标识允许分隔粘贴，但应保持红白单元相间；总长度（不含间隔部分）应不小于车长的50%，但侧面车身结构无连续表面的混凝土搅拌运输车和专项作业车的侧面车身反光标识长度应不小于车长的30%；三轮汽车的侧面车身反光标识长度不应小于1200mm，货厢长度不足车长50%的货车的侧面车身反光标识长度应为货厢长度。 厢式货车和厢式挂车后部、侧面的车身反光标识应能体现货厢轮廓。2012年9月1日起出厂的总质量大于3500kg的厢式货车（不含封闭式货车、侧帘式货车）、厢式挂车（不含侧帘式半挂车）和2018年1月1日起出厂的总质量大于3500kg的厢式专项作业车，装备的车身反光标识应为由红白相间的反射器单元组成的反射器型车身反光标识。反射器型车身反光标识的反射器单元应横向水平布置、固定可靠，红白单元相间且数量相当；相邻反射器的边缘距离对后部反射器型车身反光标识不应大于100mm，对侧面反射器型车身反光标识不应大于150mm
《机动车运行安全技术条件》（GB 7258—2017）	8.4.1	半挂牵引车应在驾驶室后部上方设置能体现驾驶室的宽度和高度的车身反光标识，其他货车（多用途货车除外）、货车底盘改装的专项作业车和挂车（设置有符合规定的车辆尾部标志板的专项作业车和挂车，以及旅居挂车除外）应在后部设置车身反光标识。后部的车身反光标识应能体现机动车后部的高度和宽度，对厢式货车和挂车应能体现货厢轮廓，且采用一级车身反光标识材料时与后反射器的面积之和应大于或等于$0.1m^2$，采用二级车身反光标识材料时与后反射器的面积之和应大于或等于$0.2m^2$

续上表

名　称	章节	条　款
《机动车运行安全技术条件》(GB 7258—2017)	8.4.2	所有货车(半挂牵引车、多用途货车除外)、货车底盘改装的专项作业车和挂车(旅居挂车除外)应在侧面设置车身反光标识。侧面的车身反光标识长度应大于或等于车长的50%，对三轮汽车应大于或等于1.2m，对侧面车身结构无连续平面的货车底盘改装的专项作业车应大于或等于车长的30%，对货厢长度不足车长50%的货车应为货厢长度
	8.4.5	货车、货车底盘改装的专项作业车和挂车(组成拖拉机运输机组的挂车除外)的车身反光标识材料应符合GB 23254的规定，其中总质量大于3500kg的厢式货车(不含封闭式货车、侧帘式货车)、厢式挂车(不含侧帘式半挂车)和厢式专项作业车应装备反射器型车身反光标识。车身反光标识的粘贴/设置应符合GB 23254的规定

10 尾部标志板

1 查验要求

对于申请办理下列业务的载货汽车[总质量大于或等于12000kg的货车(半挂牵引车除外)]，查验车辆尾部标志板：

(1)注册登记。

(2)转移登记。

(3)变更车身颜色。

(4)改变使用性质。

(5)更换车身或者车架。

(6)因质量问题更换整车。

(7)转入。

(8)变更迁出。

(9)申领、补领机动车登记证书。

2 查验方法

实车查验尾部标志板设置是否符合标准要求；对反光材料性能存有疑问的，可使用反光标识检测仪等工具测量。用卷尺等工具测量尾部标志板尺寸及离地高度是否符合要求。

实车查验尾部标志板的形状、尺寸、结构应符合现行国家标准《车辆尾部标志板》（GB 25990）的规定。

3 合格要点

要点一： 载货汽车需要安装尾部标志板的车型包括处半挂牵引车外的N_3类车辆，和由于结构原因，最高设计时速不大于40km/h的N类车，对于第一种车型，尾部标志板的形状为矩形，对于第二种车型，尾部标志板的形状为截去顶角的等边三角形。一组标志板由一块、两块或四块组成，成组的标志板的形状应是成对的。车辆尾部标志板的实物图、布置示例图和实车粘贴示例图分别如下。

载货汽车尾部标志板实物图

低速车辆尾部标志板实物图

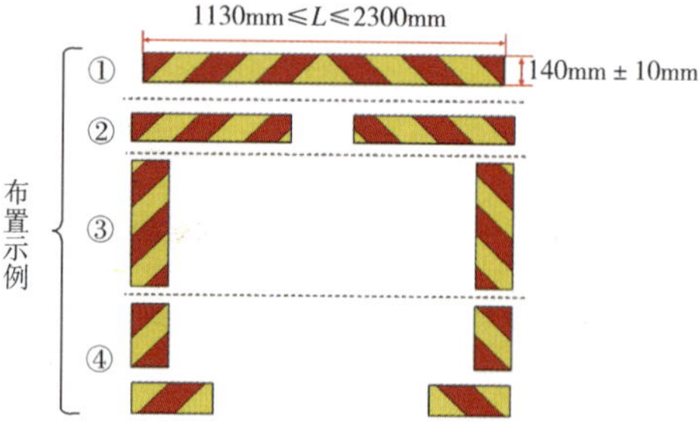

载货汽车尾部标志板布置示例

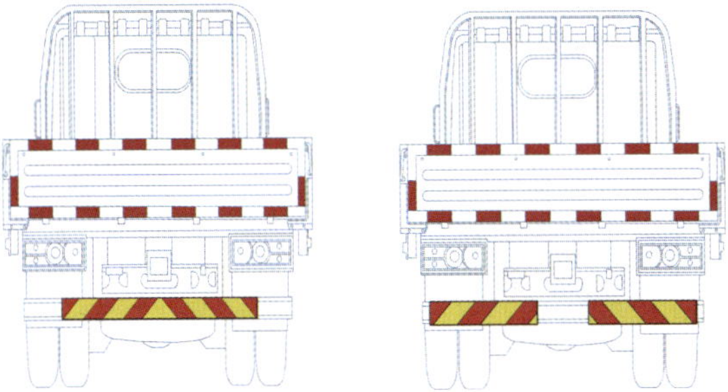

要点二： 尾部标志板安装应不易拆卸，固定方式稳定、持久，如使用螺钉或者铆合固定。

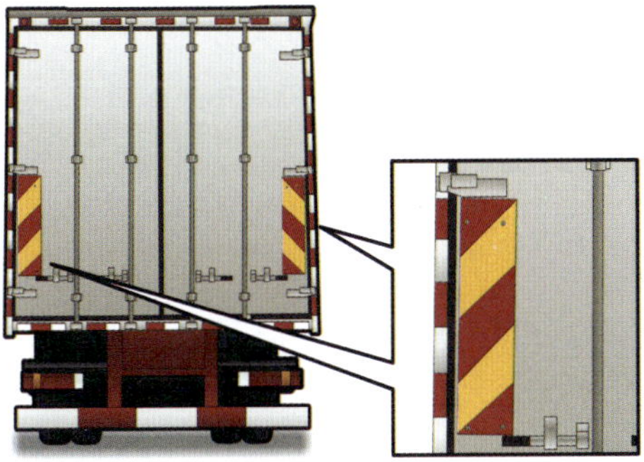

4 常见不合格情形

车辆未按规定设置车辆尾部标志板，车辆尾部标志板安装不牢靠。

尾部标志板布置不符合规定

载货汽车使用挂车尾部标志板

尾部标志板安装不牢固

5 标准依据

涉及尾部标志板查验标准依据见下表。

涉及尾部标志板查验标准依据

名　称	章节	条　款
《机动车查验工作规程》（GA 801—2019）	5.13	对侧面及后下部防护装置离地高度、车身反光标识和车辆尾部标志板尺寸、面积等参数有疑问时，也应使用量具测量相关尺寸
	附录A 表A.1.15	车辆尾部标志板的形状、尺寸和结构应符合GB 25990的规定，部件应不易拆卸，其固定在车辆后部的方式应稳定、持久，例如使用螺钉或者铆合
《机动车运行安全技术条件》（GB 7258—2017）	8.4.1	总质量大于或等于12000kg的货车（半挂牵引车除外）及所有最大设计车速小于或等于40km/h的汽车，应按GB 25990规定设置车辆尾部标志板
《车辆尾部标志板》（GB 25990—2010）	5.1.2	标志板的部件应不易拆卸
	5.1.3	标志板固定在车辆后部的方式应稳定、持久，例如使用螺钉或铆合
	5.1.4	标志板的外表面应易于清洁，表明应不粗糙，其任何突出物应无碍于清洁
	5.2.1.1	低速车辆的标志板的形状为一个截去顶角的等边三角形，其中一个顶角端朝上
	5.2.2.1	重型和长型车辆的标志板形状为矩形
	5.2.2.3	一组标志板由一块、两块或四块具有回复反射和荧光材料的标志板组成，其总长度应不应小于1130mm，不大于2300mm

11 侧面及后下部防护装置

1 查验要求

对于申请办理下列业务的载货汽车（半挂牵引车外的总质量大于3500kg的货车除外），查验侧面及后下部防护装置：

（1）注册登记。

（2）转移登记。

（3）变更车身颜色。

（4）改变使用性质。

（5）更换车身或者车架。

（6）因质量问题更换整车。

（7）转入。

（8）变更迁出。

（9）申领、补领机动车登记证书。

2 查验方法

实车查验，必要时用量具测量，重点检查侧面及后下部防护装置的离地高度、截面高度等数据及安装牢固程度是否符合标准要求，与车架或车体的可靠部位应能有效连接。

3 合格要点

（1）后下部防护装置。

要点一： 宽度不可大于车辆后轴两侧车轮最外点之间的距离（不包括轮胎的变形量），并且后下部防护装置任一端的最外缘与这一侧车辆后轴车轮最外端的横向水平距离应不大于100mm。

要点二： 整个宽度上的下边缘离地高度对于后下部防护装置状态可调整的车辆应不大于450mm，对状态不可调整的车辆应不大于550mm。

要点三： 2020年1月1日起出厂的所有车辆，空载状态下在其全部宽度范围内的后下部防护的下边缘离地高度不应大于500mm。后下部防护装置的横向构件的截面高度（对格构式圆钢结构的后下部防护装置，截面高度为横向布置圆钢的直径之和）应不小于100mm（对于2020年1月1日起出厂的总质量大于12000kg的货车及总质量大于10000kg的挂车，应不小于120mm），端部不应有尖锐边缘。

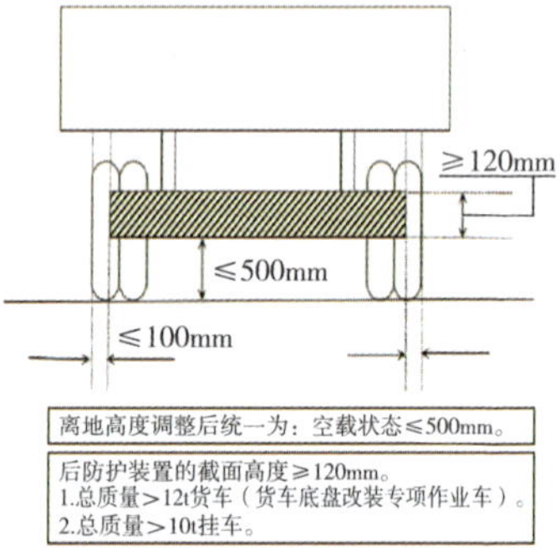

（2）侧面防护装置。

要点一： 下缘任何一点的离地高度应不大于550mm。

要点二： 前缘和后缘应处在最靠近它的轮胎周向切面之后（前）300mm的范围之内；但长头货车前缘与驾驶室后壁板件的间隙小于或等于100mm即可。

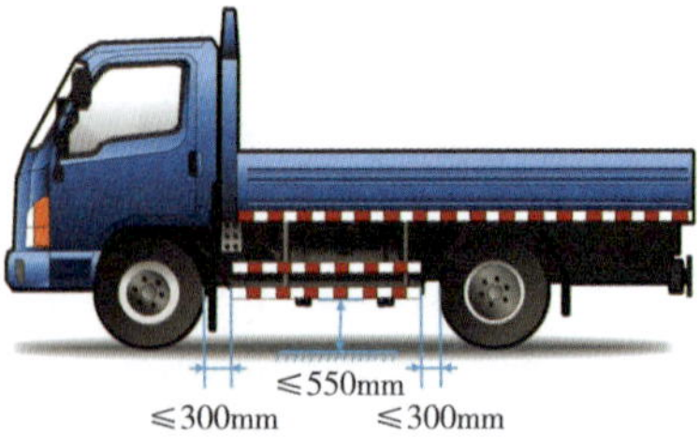

4 常见不合格情形

（1）侧、后下部防护装置不具备防护强度。

（2）侧防护装置前缘和后缘与最靠近它的轮胎周向切面距离大于300mm。

（3）后部防护装置两端未弯曲或者圆角处理。

（4）防护装置安装方式与《公告》不一致，如《公告》要求螺栓连接，实车是焊接连接。

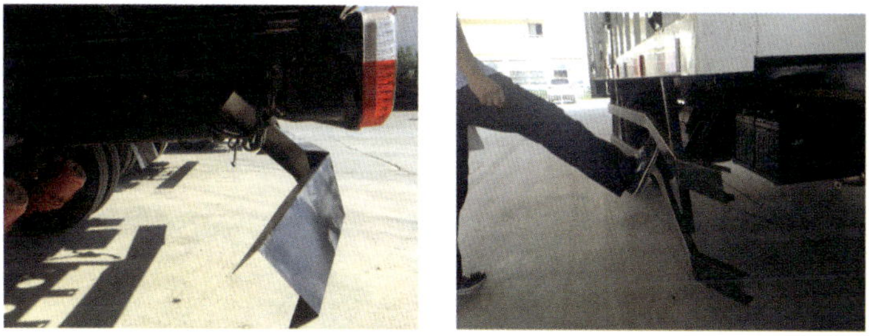

侧、后下部防护装置强度不足且未弯曲或者圆角处理

侧防护与相邻车轮切面距离不符合规定

5 标准依据

涉及侧面及后下部防护装置查验标准依据见下表。

涉及侧面及后下部防护装置查验标准依据

名　称	章节	条　款
《机动车查验工作规程》（GA 801—2019）	5.13	对侧面及后下部防护装置离地高度、车身反光标识和车辆尾部标志板尺寸、面积等参数有疑问时，也应使用量具测量相关尺寸
	附录A 表A.1.6	所有总质量大于3500kg的货车（半挂牵引车除外）、货车底盘改装的专项作业车和挂车应按规定装备侧面及后下部防护装置；专用货车和专项作业车受客观原因限制时可不安装后下部防护装置。侧后防护装置应固定可靠，与车架或车体的可靠部位有效连接。

续上表

名 称	章节	条 款
《机动车查验工作规程》（GA 801—2019）	附录A表A.1.6	后下部防护装置的宽度不可大于车辆后轴两侧车轮最外点之间的距离（不包括轮胎的变形量），并且后下部防护装置任一端的最外缘与这一侧车辆后轴车轮最外端的横向水平距离应不大于100mm；后下部防护装置整个宽度上的下边缘离地高度，对于后下部防护装置状态可调整的车辆应不大于450mm，对状态不可调整的车辆应不大于550mm；2020年1月1日起出厂的所有车辆，空载状态下在其全部宽度范围内的后下部防护的下边缘离地高度不应大于500mm。后下部防护装置的横向构件的截面高度（对格构式圆钢结构的后下部防护装置，截面高度为横向布置圆钢的直径之和）应不小于100mm（对于2020年1月1日起出厂的总质量大于12000kg的货车及总质量大于10000kg的挂车，应不小于120mm），端部不应有尖锐边缘。 侧面防护装置的下缘任何一点的离地高度应不大于550mm，前缘和后缘应处在最靠近它的轮胎周向切面之后（前）300mm的范围之内；但全挂车前缘位于500mm的范围之内即可，半挂车前缘与支腿中心横截面距离小于或等于250mm即可，长头载货汽车前缘与驾驶室后壁板件的间隙小于或等于100mm即可
《机动车运行安全技术条件》（GB 7258—2017）	12.9.1	总质量大于3500kg的货车（半挂牵引车除外）、货车底盘改装的专项作业车和挂车，应按GB 11567的规定提供防止人员卷入的侧面防护
	12.9.2	货车列车的货车和挂车之间应提供防止人员卷入的侧面防护
	12.9.3	总质量大于3500kg的货车、货车底盘改装的专项作业车（半挂牵引车及由于客观原因而无法安装后下部防护装置的专用货车和专项作业车除外）和挂车（长货挂车除外）的后下部，应提供符合GB 11567规定的后下部防护，以防止追尾碰撞时发生钻入碰撞

12 三角警告牌/汽车乘员反光背心

1 查验要求

对于申请办理下列业务的载货汽车（无驾驶室的三轮汽车除外），查验机动车用三角警告牌、汽车乘员反光背心。

(1)注册登记。

(2)转移登记。

(3)因质量问题更换整车。

(4)转入。

(5)变更迁出。

2 查验方法

目视查验,重点检查配备、外观形状。

3 合格要点

要点一: 三角警告牌是中空的,外侧为红色的回复反射区,内侧邻接的为红色荧光区,均为同心的等边三角形,边长为500mm ± 50mm,中空区域的边长最小为70mm。

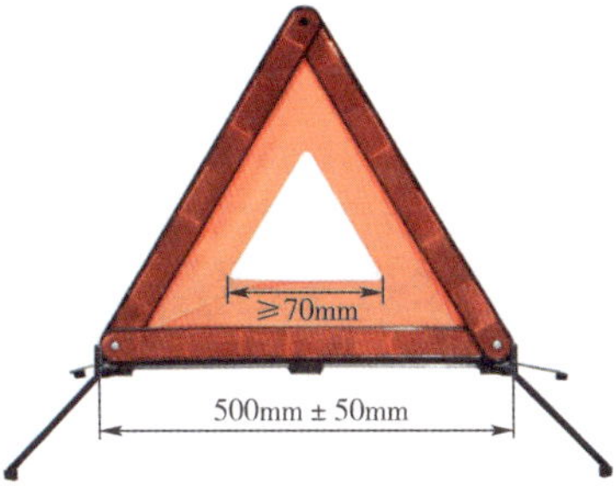

三角警告牌试样和尺寸要求

要点二: 三角警告牌放置道路使用时,正面应垂直于地面(如果警告牌轴线与地平面之间的夹角不超过5°,则认为满足要求),且支撑面与警告牌底边之间的距离应不大于300mm。

4 常见不合格情形

未配备三角警告牌和反光背心、配备的三角警告牌不符合标准要求的违规情形较多。

尺寸不符合规定

结构不符合规定

5 标准依据

涉及三角警告牌/汽车乘员反光背心查验标准依据见下表。

涉及三角警告牌/汽车乘员反光背心查验标准依据

名　称	章节	条　款
《机动车查验工作规程》（GA 801—2019）	附录A 表A.1	汽车（无驾驶室的三轮汽车除外）应配备1个机动车用三角警告牌，属于2018年1月1日以后的还应配备1件反光背心；三角警告牌及反光背心式样及尺寸应符合相关规定。 非注册登记查验时，乘用车未按规定配备机动车用三角警告牌和/或反光背心的，告知机动车所有人或申请人（或被委托人的经办人）道路交通安全法律法规和技术标准相关规定和使用要求，记录相关情况后视为合格

续上表

名称	章节		条款
《机动车运行安全技术条件》（GB 7258—2017）	12.15.2		汽车（无驾驶室的三轮汽车除外）应配备1件反光背心和1个符合GB 19151规定的三角警告牌，三角警告牌在车上应妥善放置；车长大于或等于6m的客车和总质量大于3500kg的货车，还应装备至少2个停车楔（如三角垫木）
《机动车用三角警告牌》（GB 19151—2003）	4.1 基本要求	4.1.1	警告牌应是中空的，外侧为红色的回复反射区，内侧邻接的为红色荧光区，均为同心的等边三角形。警告牌由支架支撑在距地面一定高度处
		4.1.2	在正常使用条件下，警告牌应能保持规定的特性和良好的性能
		4.1.3	警告牌的光学部件应不易拆卸，组成警告牌的各部分也应不易拆卸，将警告牌放置在道路上，各部分应具有良好的稳定性。将警告牌放入保护罩内时，其可动部件包括支架应是不可拆的
		4.1.4	当警告牌被放置在使用道路上时，警告牌正面应垂直于地面（如果警告牌轴线与地平面之间的夹角不超过5°，则认为满足要求）
		4.1.5	警告牌正面不得粗糙，应易于清洁；若有凸起不应妨碍清洁
		4.1.6	警告牌及其支架不应有尖角或锐边
		4.1.7	警告牌应带有保护罩，以防止受到侵蚀。如采用其他防护方法，也可以不使用保护罩
	4.2 形状和尺寸	4.2.1	4.2.1.1　警告牌的理论边长为500mm ± 50mm，反射器宽度为25～50mm，外边沿宽度不得超过5mm，且不一定是红色的。 4.2.1.2　回复反射单元可以是连续的，或者是不连续的。如果是不连续的，反射器的非连续区域必须是红色的。 4.2.1.3　荧光器应延伸到反射器，并沿着反射器三角形的三条边对称排列。荧光器面积不得小于315cm^2。在反射器和荧光器之间的边沿不得大于5mm，可以连续或不连续，且不一定是红色的。 4.2.1.4　警告牌中空区域的边长最小为70mm
		4.2.2	支撑面与警告牌底边之间的距离应不大于300mm

13 轮胎完好情况及规格

1 查验要求

（1）对于申请办理下列业务的载货汽车，查验轮胎完好情况：

①注册登记。

②转移登记。

③变更车身颜色。

④改变使用性质。

⑤更换车身或者车架。

⑥更换发动机。

⑦因质量问题更换整车。

⑧转入。

⑨变更迁出。

⑩重新打刻车辆识别代号。

⑪重新打刻发动机号。

⑫申领补领机动车登记证书。

⑬申请换发新能源汽车专用号牌。

（2）对于申请办理下列业务的载货汽车（总质量大于或等于4500kg的（即中型和重型）货车、所有三轮汽车），查验轮胎规格：

①注册登记。

②转移登记。

③因质量问题更换整车。

④转入。

⑤变更迁出。

2 查验方法

比对实车轮胎规格与《公告》、出厂合格证登记等相关凭证(或资料)是否一致；查看同轴两侧轮胎规格和花纹一致。

查看轮胎完整性，是否存在破裂、缺损、异常磨损、割伤和暴露出轮胎帘布层情况；查看轮胎胎冠花纹深是否符合标准；轮胎螺母应完整齐全；查看转向轮是否使用翻新轮胎。

注册登记查验时，轮胎数应与机动车整车出厂合格证明等相关凭证记载的数据一致；其他情况下，轮胎数应与机动车行驶证上机动车标准照片记载的轮胎数一致。

3 合格要点

要点一： 车辆轮胎与《公告》、出厂合格证记载信息一致。

要点二： 车辆同一轴上的所有轮胎规格和花纹应相同。

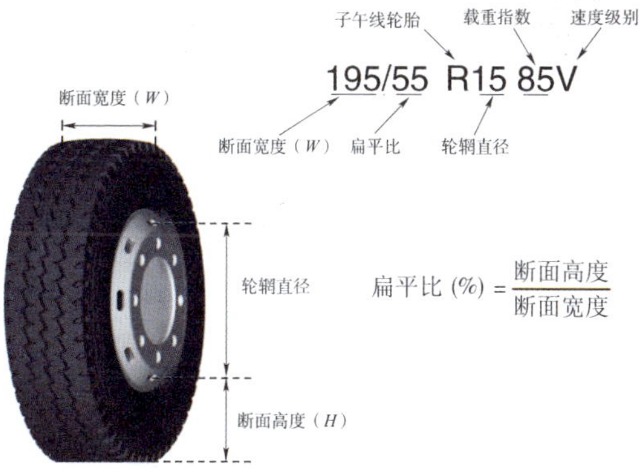

轮胎规格识别方法

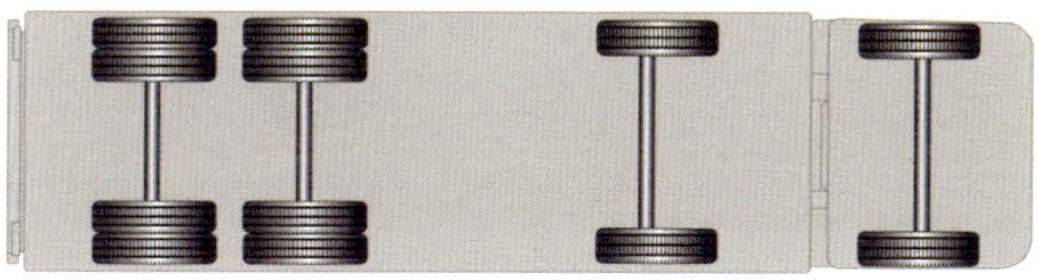

同轴轮胎规格和花纹一致

要点三： 货车转向轮的胎冠花纹深度应大于或等于3.2mm；其余轮胎胎冠花纹深度应大于或等于1.6mm。

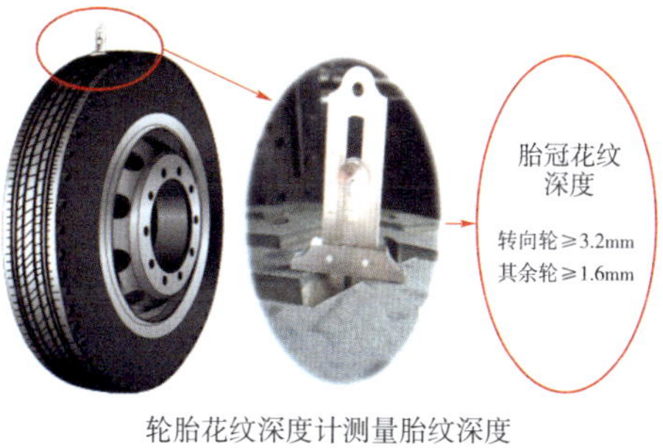

轮胎花纹深度计测量胎纹深度

要点四：轮胎胎面及胎壁应无影响使用的破裂、缺损、异常磨损和割伤，轮胎胎面不得因局部磨损而暴露出轮胎帘布层；轮胎的胎面和胎壁上不得有长度超过25mm或深度足以暴露出轮胎帘布层的破裂和割伤。

轮胎缺损

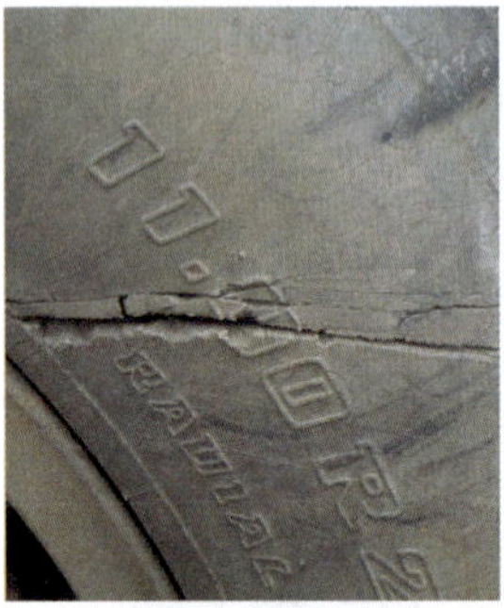

有严重划痕

几种常见的轮胎安全隐患

要点五：货车转向轮不得装用翻新轮胎；其他车轮如使用翻新的轮胎，应符合相关标准的规定。

翻新轮胎识别说明：《载重汽车翻新轮胎》（GB 7037—2007）的规定，每条翻新轮胎上应有以下标志，其中①~④项为模刻标志，⑤项为永久性的标志，⑥项可为水洗不掉的标志。

①轮胎规格。

②轮胎翻新厂商标、厂名或地名。

③翻新轮胎应标志“RETREAD”或“翻新”。

④负荷指数、层级、最大负荷能力、速度符号、充气压力。

⑤翻新次数、翻新批号或胎号。

⑥出厂检验印记。

4 常见不合格情形

实车轮胎规格与资料或登记信息不符，变造、伪造轮胎规格符号。

变造、贴片轮胎规格符号

轮胎螺栓未紧固

5 标准依据

涉及轮胎完好情况及规格标准依据见下表。

涉及轮胎完好情况及规格标准依据

名　称	章节	条　款
《机动车查验工作规程》（GA 801—2019）	附录A 表A.1.8	轮胎胎冠花纹深度应符合GB 7258—2017的9.1.6的要求，轮胎胎面及胎壁应无影响使用的破裂、缺损、异常磨损和割伤，轮胎胎面不应由于局部磨损而暴露出轮胎帘布层。轮胎螺母应完整齐全。公路客车、旅游客车和校车的所有车轮及其他机动车的转向轮不应装用翻新的轮胎。 注册登记查验时，轮胎数应与机动车整车出厂合格证明等相关凭证记载的数据一致；其他情况下，轮胎数应与《机动车行驶证》上机动车标准照片记载的轮胎数一致

续上表

名　称	章节	条　款
《机动车运行安全技术条件》（GB 7258—2017）	9.1.1	机动车所装用轮胎的速度级别不应低于该车最大设计车速的要求，但装用雪地轮胎时除外。总质量大于3500kg的货车和挂车（封闭式货车、旅居挂车等特殊用途的挂车除外）装用轮胎的总承载能力，应小于或等于总质量的1.4倍
	9.1.3	同一轴上的轮胎规格和花纹应相同，轮胎规格应符合整车制造厂的规定
	9.1.5	乘用车、摩托车和挂车轮胎胎冠上花纹深度应大于或等于1.6mm，其他机动车转向轮的胎冠花纹深度应大于或等于3.2mm；其余轮胎胎冠花纹深度应大于或等于1.6mm
	9.1.6	乘用车、挂车轮胎胎冠花纹上的花纹深度应大于或等于1.6mm，摩托车轮胎胎冠花纹上的花纹深度应大于或等于0.8mm；其他机动车转向轮的胎冠花纹深度应大于或等于3.2mm，其余轮胎胎冠花纹深度应大于或等于1.6mm
	9.1.7	轮胎胎面不应由于局部磨损而暴露出轮胎帘布层。轮胎不应有影响使用的缺损、异常磨损和变形

14 轴数/轴距

1 查验要求

对于申请办理下列业务的载货汽车（总质量大于或等于4500kg的（即中型和重型）货车、所有三轮汽车），查验轴数、轴距：

（1）注册登记。

（2）转移登记。

（3）因质量问题更换整车。

（4）转入。

（5）变更迁出。

2 查验方法

实车查看轴数；用长度测量工具测量轴距，有条件的也可使用自动测量装置测量。

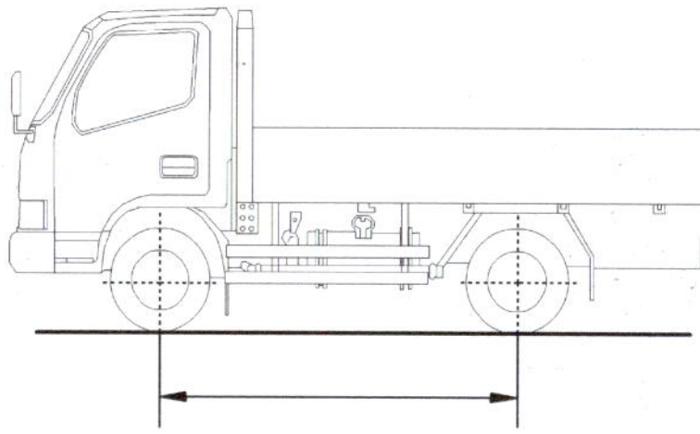

两轴车轴距测量方法

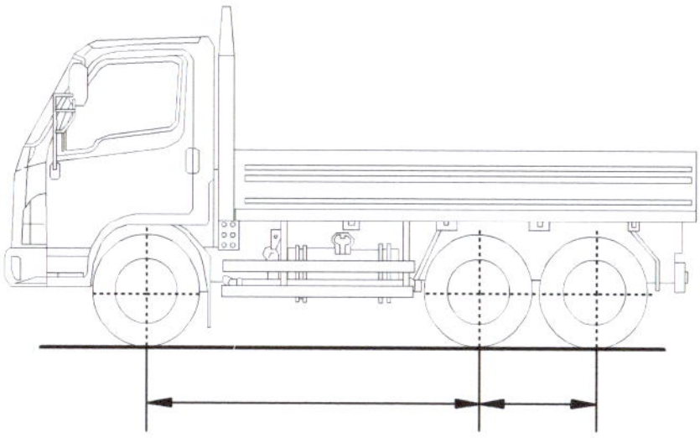

三轴车轴距测量方法

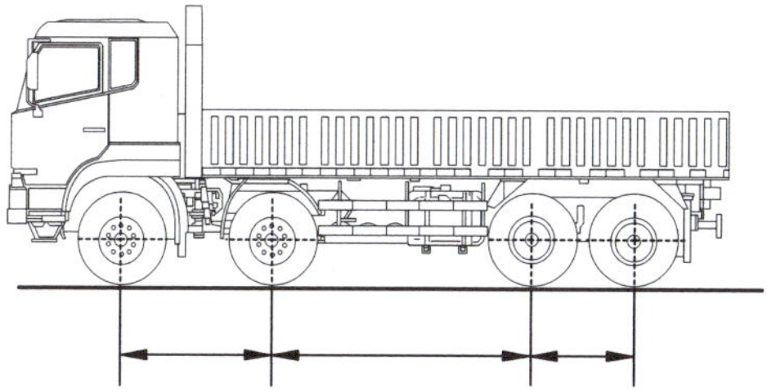

四轴车测量方法

3 合格要点

实车查看轴数。

查验轴距等尺寸参数时，应采用机动车安全技术检验机构或其他具备资质的机构按照规定测得的相关尺寸参数数值或使用量具测量相关尺寸参数，并与《公告》、出厂合格证明等凭证、技术资料记载的数值进行比对，确认是否在允许的误差范围内。

4 常见不合格情形

实车的轴距参数与出厂合格证标注的参数不一致。

5 标准依据

涉及轴数/轴距查验标准依据见下表。

涉及轴数/轴距查验标准依据

名　称	章节	条　款
《机动车查验工作规程》（GA 801—2019）	5.13	查验车辆外廓尺寸、轴距等尺寸参数时，应采用机动车安全技术检验机构或其他具备资质的机构 按照规定测得的相关尺寸参数数值或使用量具测量相关尺寸参数，并与《公告》、机动车整车出厂合格证明等凭证、技术资料记载的数值进行比对，确认是否在允许的误差范围内
	附录A 表A.1.13	注册登记查验时，轴数、轴距应与《公告》、机动车整车出厂合格证明等相关凭证上记载的数据相符；其他情况下，轴数应与《机动车行驶证》上机动车照片记载的轴数一致。 轴距的公差允许范围按车辆外廓尺寸的规定执行

15 外廓尺寸

1 查验要求

对于申请办理下列业务的载货汽车（总质量大于或等于4500kg的货车、所有三轮汽车），查验外廓尺寸：

（1）注册登记。

（2）转移登记。

（3）因质量问题更换整车。

（4）转入。

（5）变更迁出。

重、中型货车申请办理更换车身或者车架业务时，应查验外廓尺寸。

2 查验方法

查验车辆外廓尺寸参数时，应采用机动车安全技术检验机构或其他具备资质的机构按照规定测得的相关尺寸参数数值或使用量具测量相关尺寸参数，并与《公告》、出厂合格证明等凭证、技术资料记载的数值进行比对，确认是否在允许的误差范围内。

钢卷尺

激光测距仪

铅锤

塔尺

（1）车辆长度。

车辆长度分别过汽车前后最外端点且垂直于Y（纵向对称平面）平面和X（支撑平面）平面的两平面间的距离。

需要注意的是，以下项目不计入车辆长度测量数值。

不计入车辆长度测量数值

分类	项目
不具备载货功能，且超出车辆前或后端不大于50mm、边和角的圆角半径不小于5mm的以下装置不在车辆长度测量范围	刮水器和洗涤器
	外部标识，包括注册商品商标、生产企业名称、商品产地、车型名称及型号、发动机排量、变速器形式、驱动形式及反映车辆特征的其他标识
	灯光和光信号装置
	外部遮阳装置
	海关密封装置及其防护装置
	用于栓固防雨布的装置及其防护装置
	锁止装置、铰链、手柄、控制器、开光
	出入口踏步（或爬梯）、保险杠上端用于风窗擦拭的上车踏步及把手
	后标志板含LOGO标志
	可拆卸的车辆用的挂接或拖拽装置
	排气尾管
不具备载货功能的以下装置不在车辆长度测量范围	空气进气管
	在半挂车前回转半径内的冷藏半挂车的冷机、半挂车的工具箱框、爬梯、前端气/电连接器及其防护罩
	间接视野装置
	电力车辆的集电装置（含其固定装置）
	展开长度不超过2000mm，收起状态不超过200mm，可拆卸或折叠的车辆后部导流装置
	收起状态的水平高度不超过300mm的尾板、上下坡道及类似装置
	后尾梯

（2）车辆宽度。

车辆宽度分别过车辆两侧固定突出部位（不包括后视镜、侧面标志灯、示位灯、转向指示灯、挠性挡泥板、折叠式踏板、防滑链以及轮胎与地面接触变形部分）最外侧点且平行于Y平面的两平面之间的距离。

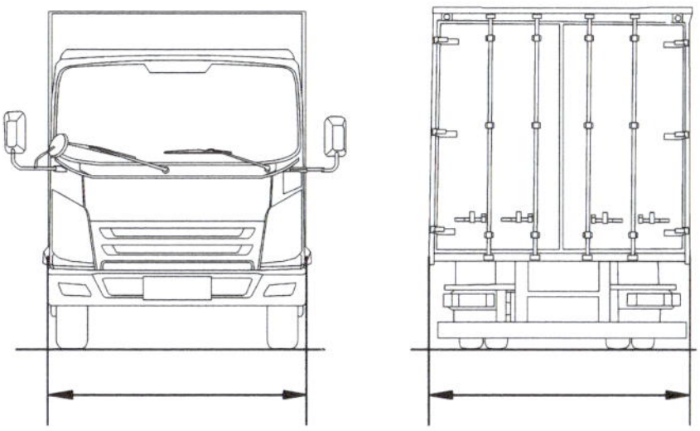

需要注意的是，以下项目不计入车辆宽度测量数值。

不计入车辆宽度测量数值

分类	项目
不具备载货功能，且单侧超出车辆侧面不大于50mm、边和角的圆角半径不小于5mm的以下装置不在车辆宽度测量范围	外部标识，包括注册商品商标、生产企业名称、商品产地、车型名称及型号、发动机排量、变速器形式、驱动形式及反映车辆特征的其他标识
	灯光和光信号装置
	海关密封装置及其防护装置
	防撞胶块及类似装置
	用于栓固防雨布的装置及其防护装置
	局部的流水槽，指用于引导驾驶员门（或窗）上方雨水流、乘客门上方和位于前风窗玻璃两侧引导雨水流向的流水槽
	防飞溅系统的柔性突出部分
	在收起位置时的可伸缩踏步、客车的出入坡道、举升平台及类似装置
	锁止装置、铰链、手柄、控制器、开光
	轮胎失效信号装置
	轮胎压力指示器
	位于轮胎接地点正上方的轮胎壁的变形部分
	倒车辅助装置
	排气尾管
以下装置不在车辆宽度测量范围	间接视野装置
	非工作状态下的校车停车指示牌

（3）车辆高度。

车辆宽度为车辆最高点至X平面的距离。

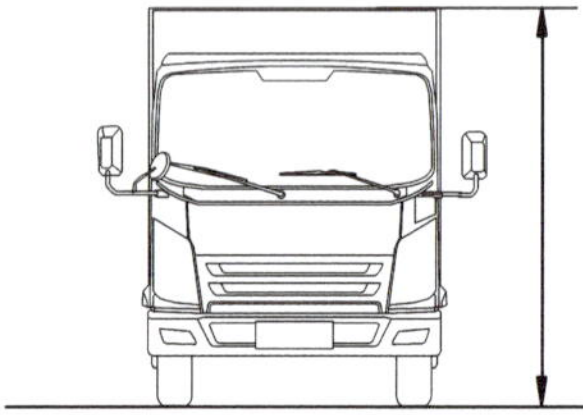

需要注意的是天线的软质部分不计入车辆高度测量数值。

3 合格要点

要点一：注册登记查验时，车辆的长、宽、高应与出厂合格证明等相关凭证上记载的数值相符，其他情况下，应与机动车行驶证上记载的数值相符。外廓尺寸参数公差允许范围，注册登记查验时对汽车为 ±1% 或 ±50mm，其他情况查验时，对汽车为 ±2% 或 ±100mm。

要点二：汽车的实际外廓尺寸不得超出现行国家标准《汽车、挂车及汽车列车外廓尺寸、轴荷及质量限值》（GB 1589）规定相应车型的限值。

要点三：测量外廓尺寸参数时，应考虑允许自行加装的部件及变更使用性质拆除标志灯具对测量结果的影响。判定车辆外廓尺寸参数是否在公差允许范围内时，应考虑测量误差。

要点四：对实车长度在允许误差范围内，且未超出现行国家标准《汽车、挂车及汽车列车外廓尺寸、轴荷及质量限值》（GB 1589）规定的限值的载货汽车，按照出厂合格证记载的（名义）车长确定其车辆类型。例：实车车长为 6030mm，出厂合格证记载的（名义）车长为 5995mm 的货车，若质量参数符合轻型货车的规定，其规格应核定为“轻型”。

栏板式、仓栅式、平板式、自卸式货车的外廓尺寸的最大限值（单位：mm）

车辆类型			长度	宽度	高度
仓栅式货车、栏板式货车、平板式货车、自卸式货车	二轴	最大设计总质量≤3500kg	6000	2550	4000
		最大设计总质量>3500kg，且≤8000kg	7000		
		最大设计总质量>8000kg，且≤12000kg	8000		
		最大设计总质量>12000kg	9000		
	三轴	最大设计总质量≤20000kg	11000		
		最大设计总质量>20000kg	12000		
	双转向轴的四轮汽车		12000		

其他汽车的外廓尺寸不应超过下表规定最大限值。

其他汽车外廓尺寸的最大限值（单位：mm）

车辆类型		长度	宽度	高度
汽车	三轮汽车[1]	4600	1600	2000
	低速货车	6000	2000	2500
	货车及半挂牵引车	12000	2550[2]	4000

注：❶ 当采用转向盘转向，由传动轴传递动力，具有驾驶室且驾驶员座椅后设计有物品放置空间时，长度、宽度、高度的限值分别为5200mm、1800mm、2200mm。

❷ 冷藏车宽度最大限值为2600mm。

4 常见不合格情形

外廓尺寸与《公告》、出厂合格证不一致的违规情形较多。

整车长度超出限值

整车宽度超出限值

5 标准依据

涉及外廓尺寸查验标准依据见下表。

涉及外廓尺寸查验标准依据

名　　称	章节	条　　款
《机动车查验工作规程》（GA 801—2019）	5.13	查验车辆外廓尺寸、轴距等尺寸参数时，应采用机动车安全技术检验机构或其他具备资质的机构按照规定测得的相关尺寸参数数值或使用量具测量相关尺寸参数，并与《公告》、机动车整车出厂合格证明等凭证、技术资料记载的数值进行比对，确认是否在允许的误差范围内；对侧面及后下部防护装置离地高度、车身反光标识和车辆尾部标志板尺寸、面积等参数有疑问时，也应使用量具测量相关尺寸
	附录A表A.1.11	汽车及汽车列车、挂车的实际外廓尺寸不应超出GB 1589规定的限值，摩托车的实际外廓尺寸不应超出GB 7258—2017中表2规定的限值。 注册登记查验时，车辆的长、宽、高应与机动车整车出厂合格证明等相关凭证上记载的数值相符，属于工信部联产业〔2014〕453号文件规定的小微型面包车的车长应小于或等于4500mm、车宽应小于或等于1680mm；其他情况下，应与《机动车行驶证》上记载的数值相符。外廓尺寸参数公差允许范围，注册登记查验时对汽车（三轮汽车除外）、挂车为±1%或±50mm，对其他机动车为±3%或±50mm。其他情况查验时，对汽车（低速汽车除外）、挂车为±2%或±100mm，对其他机动车为±3%或±100mm；2014年12月1日之前注册登记的挂车，外廓尺寸参数公差为±3%或±100mm的，不应视为不符合要求。测量外廓尺寸参数时，应考虑允许自行加装的部件及变更使用性质拆除标志灯具对测量结果的影响。判定车辆外廓尺寸参数是否在公差允许范围内时，应考虑测量误差。

续上表

名称	章节	条款
《机动车查验工作规程》（GA 801—2019）	附录A表A.1.11	发现安全技术检验合格证明（或测试报告）记载的测试结果与实车外廓尺寸等参数明显不一致的，不予采信测试结果，按规定予以处罚并通报相关行业主管部门。 注：GB 1589—2016国家标准规定了测量车辆长、宽、高时不计入测量范围的部件
《机动车运行安全技术条件》（GB 7258—2017）	4.2	汽车、挂车及汽车列车的外廓尺寸应符合GB 1589的规定

小知识

《汽车、挂车及汽车列车外廓尺寸、轴荷及质量限值》（GB 1589—2016）相关规定

栏板式、仓栅式、平板式、自卸式货车及其半挂车的外廓尺寸应不超过下表规定的最大限值。

栏板式、仓栅式、平板式、自卸式货车及其半挂车的外廓尺寸的最大限值（单位：mm）

<table>
<tr><th colspan="3">车辆类型</th><th>长度</th><th>宽度</th><th>高度</th></tr>
<tr><td rowspan="7">仓栅式货车
栏板式货车
平板式货车
自卸式货车</td><td rowspan="4">二轴</td><td>最大设计总质量≤3500kg</td><td>6000</td><td rowspan="10">2550</td><td rowspan="10">4000</td></tr>
<tr><td>最大设计总质量>3500kg，且≤8000kg</td><td>7000</td></tr>
<tr><td>最大设计总质量>8000kg，且≤12000kg</td><td>8000</td></tr>
<tr><td>最大设计总质量>12000kg</td><td>9000</td></tr>
<tr><td rowspan="2">三轴</td><td>最大设计总质量≤20000kg</td><td>11000</td></tr>
<tr><td>最大设计总质量>20000kg</td><td>12000</td></tr>
<tr><td colspan="2">双转向轴的四轮汽车</td><td>12000</td></tr>
<tr><td rowspan="3">仓栅式货车
栏板式货车
平板式货车
自卸式货车</td><td colspan="2">一轴</td><td>8600</td></tr>
<tr><td colspan="2">二轴</td><td>10000</td></tr>
<tr><td colspan="2">三轴</td><td>13000</td></tr>
</table>

其他汽车、挂车及汽车列车的外廓尺寸应不超过下表规定的最大限值。

其他汽车、挂车及汽车列车外廓尺寸的最大限值（单位：mm）

车辆类型			长度	宽度	高度
汽车	三轮汽车[1]		4600	1600	2000
	低速货车		6000	2000	2500
	货车及半挂牵引车		12000[2]	2550[3]	4000
	乘用车及客车	乘用车及二轴客车	12000	2550	4000[4]
		三轴客车	13700		
		单铰接客车	18000		
挂车	半挂车		13750[5]	2550[3]	4000
	中置轴、牵引杆挂车		12000[6]		
汽车列车	乘用车列车		14500	2550[3]	4000
	铰接列车		17100[7]		
	货车列车		20000[8]		

注：❶ 当采用方向盘转向，由传动轴传递动力，具有驾驶室且驾驶员座椅后设计有物品放置空间时，长度、宽度、高度的限值分别为5200mm、1800mm、2200mm。
❷ 专用作业车车辆长度限值要求不适用，但应符合相关标准要求。
❸ 冷藏车宽度最大限值为2600mm。
❹ 定线行驶的双层城市客车高度最大限值为4200mm。
❺ 运送45英尺集装箱的半挂车长度最大限值为13950mm。
❻ 车厢长度限值为8000mm（中置轴车辆运输挂车除外）。
❼ 长头铰接列车长度限值为18100mm。
❽ 中置轴车辆运输列车长度最大限值为22000mm。

车辆间接视野装置单侧外伸量不应超过车辆宽度250mm。

车辆的顶窗、换气装置等处于开启状态时不应超出车辆高度300mm。

汽车的后轴与牵引杆挂车的前轴之间的距离不应小于3000mm。

半挂车牵引车和半挂车的要求。

半挂车前回转半径不应大于2040mm。

半挂车牵引销中心轴线到半挂车车辆长度最后端的水平距离不应大于12000mm（运送45ft集装箱的半挂车除外）。

运送标准集装箱的半挂牵引车鞍座空载时高度（牵引主销中心位置的高度）应满足以下要求：

运送高度为2591mm标准集装箱的半挂牵引车，不应超过1320mm；

运送高度为2896mm标准集装箱的半挂牵引车，不应超过1110mm。

16 整备质量

1 查验要求

对于申请办理下列业务的载货汽车，查验整备质量：

（1）注册登记。

（2）转移登记。

（3）因质量问题更换整车。

（4）转入。

（5）变更迁出。

重、中型货车申请办理更换车身或者车架业务时，应查验整备质量。

2 查验方法

采用具备资质的机构按照规定测得的整备质量，比对《公告》、出厂合格证等凭证和技术资料记载的数值，确认是否在允许误差范围内。

3 合格要点

实车整备质量与《公告》、出厂合格证等凭证、技术资料记载的整备质量相符，且误差符合管理规定。需要注意的是，判定整备质量误差是否符合管理规定时，应考虑测量误差。

不同车辆类型整备质量允许误差范围

车辆类型	误差范围
重中型货车、挂车、专项作业车	不超过 ± 3%或 ± 500kg
轻微型货车、专项作业车	不超过 ± 3%或 ± 100kg
三轮汽车	不超过 ± 5%或 ± 100kg

注：《机动车安全技术检验项目和方法》（GB 38900—2020）规定注册登记检验、查验时的误差要求。

4 常见不合格情形

载货汽车整备质量与《公告》、出厂合格证及已登记信息记载的数据不一致，超出误差范围，部分轻型货车空车质量即超出现行国家标准《汽车、挂车及汽车列车外廓尺寸、轴荷及质量限值》（GB 1589）的违规情形较多。注意为通过检验、查验而拆除必要部件、使用值班货箱，甚至替检的违法违规行为，尤其注意“大吨小标”嫌疑车型。

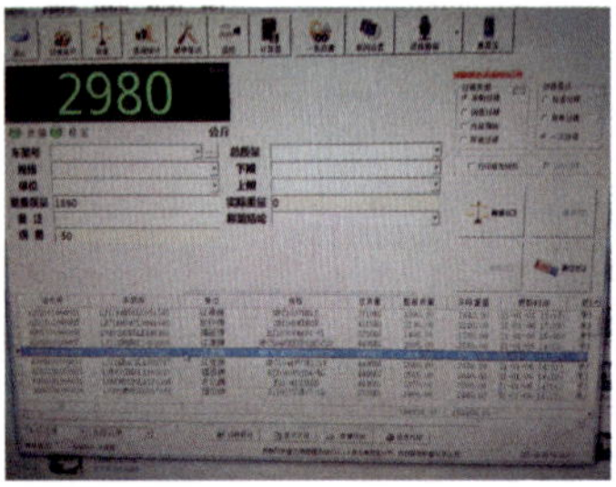

整备质量超出允许误差范围

5 标准依据

涉及整备质量查验标准依据见下表。

涉及整备质量查验标准依据

名　称	章节	条　款
《机动车查验工作规程》（GA 801—2019）	5.14	查验整备质量时，应采用机动车安全技术检验机构或其他具备资质的机构按照规定测得的整备质量数值，并与《公告》、机动车整车出厂合格证明等凭证、技术资料记载的数值进行比对，确认是否在允许的误差范围内
	附录A 表A.1.12	对所有货车、货车底盘改装的专项作业车和总质量大于750kg的挂车，以及带驾驶室的正三轮摩托车，比对机动车安全技术检验合格证明或其他具备资质的机构出具的测试报告上记载的测试结果，实车整备质量与《公告》、机动车整车出厂合格证明等凭证、技术资 料记载的整备质量的误差应符合管理规定（注册登记查验时按GB 21861规定执行）；误差符合管理规定且总质量也符合GB 1589的，按照相关凭证、技术资料核定载质量。 判定整备质量误差是否符合管理规定时，应考虑测量误差。辖区内转移登记查验时，确认车辆无非法改装情形且最近一次安全技术检验的轴荷等相关数据正常的，视为合格。发现安全技术检验合格证明（或测试报告）记载的测试结果与实车整备质量明显不一致的，不予采信测试结果，按规定予以处罚并通报相关行业主管部门

续上表

名　称	章节	条　款
《机动车运行安全技术检验项目和方法》（GB 38900—2020）	6.8.1.1	注册登记检验时，机动车的整备质量应与机动车产品公告、机动车出厂合格证相符，重中型货车、重中型挂车不超过±3%或±500kg，轻微型货车、轻微型挂车不超过±3%或±100kg
	6.8.1.2	在用机动车安全检验时，2015年3月1日起注册登记的货车的空车质量与注册登记时记载的整备质量技术参数相比，误差应满足：重中型货车不超过±10%或±500kg，轻微型货车不超过±10%或±200kg，且轻型货车的空车质量应小于4500kg

小知识

《汽车、挂车及汽车列车外廓尺寸、轴荷及质量限值》（GB 1589—2016）相关规定

4.3　最大允许总质量限值

汽车、挂车及汽车列车的最大允许总质量不应超过各车轴最大允许轴荷之和，且不应超过下表规定的限值。

载货汽车最大允许总质量限值（单位：kg）

车辆类型		最大允许总质量限值
汽车	三轮汽车	2000❶
	二轴货车及半挂牵引车	18000❷
	三轴货车及半挂牵引车	25000❸
	双转向轴四轴货车	31000❸

注：❶ 当采用方向盘转向、由运动轴传递动力、具有驾驶室且驾驶员座椅后设计有物品放置空间时，最大允许总质量限值为3000kg。

❷ 低速货车最大允许总质量限值为4500kg。

❸ 当驱动轴为每轴每侧双轮胎且装配空气悬架时，最大允许总质量限值增加1000kg。

17 核定载人数

1 查验要求

对于申请办理下列业务的载货汽车，应核定载人数：

（1）注册登记。

（2）转移登记。

（3）因质量问题更换整车。

（4）转入。

（5）变更迁出。

2 查验方法

注册登记查验时，按照《机动车运行安全技术条件》（GB 7258—2017）的4.4.2～4.4.6及11.6核定载客人数/驾驶室乘坐人数。对实行《公告》管理的国产机动车，载货汽车的驾驶室乘坐人数与出厂合格证明标明的数值比对；对进口机动车，核定的乘坐人数应与进口机动车辆随车检验单证及其他经主管部门认可的技术资料（如：车辆产品一致性证书）进行比对。其他情况下，座位/铺位数应与机动车行驶证记载的内容比对。

对驾驶室前排核定乘坐3人的汽车，应实车测量驾驶室（区）内部宽度。

3 合格要点

核定的载人数应与《公告》、出厂合格证的数值一致，并符合《公告》管理的相关规定。

要点一：驾驶室前排座位按驾驶室内部宽度（系指驾驶室门窗下缘，并在车门后支柱内侧量取）大于或等于1200mm时核定2人，大于或等于1650mm时核定3人，但每名前排乘员的座垫宽和座垫深均应大于或等于400mm。

注：驾驶室（区）内部宽度，系指在两侧门窗下缘延伸至车门后支柱处，量取的车门内饰板间最小值；如车门设计和制造上有搁手区域，则量取搁手平面上方的车门内饰板间最小值。其中，量取的车门内饰板间最小值应取靠近B柱处的最小值，而不是前端，因为肩部空间是靠后的，是人体最宽的部位；搁手区域是指汽车行驶过程时前排乘员可放置手臂的平台区域，通常在车门中部。

要点二：双排座位驾驶室的后排座位，按座垫中间位置测量的车身内部宽度，在能保证与前排座位的间距大于或等于650mm且座垫深度大于或等于 400mm时，每400mm核定1人。

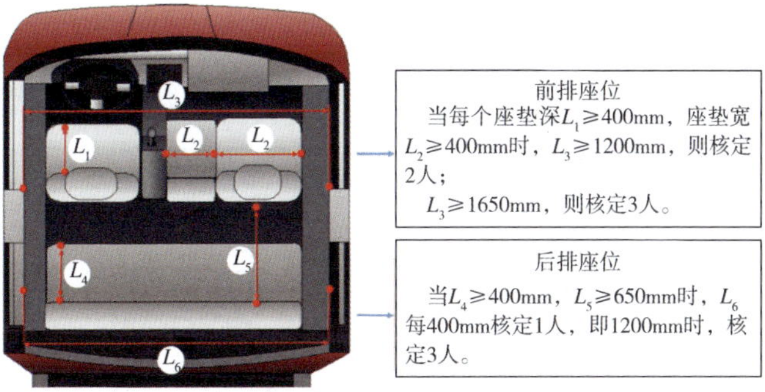

要点三：货车核定乘坐人数应小于或等于6人。货车驾驶室（区）以外部位设置的座椅和卧铺不核定乘坐人数。带卧铺的货车，卧铺铺位不核定乘坐人数。

要点四：《机动车查验工作规程》（GA 801—2013）及之前版本规定，对实行《公告》管理的国产机动车，载货汽车和专项作业车核定的驾驶室乘坐人数可小于《公告》和出厂合格证明标明的驾驶室乘坐人数，因此2014年12月1日前注册登记的国产载货汽车和专项作业车，若机动车行驶证上记载的驾驶室乘坐人数少于出厂合格证上记载的驾驶室乘坐人数，不应视为不合格。

4 常见不合格情形

载货汽车驾驶室前排座位的内部宽度不足1650mm，出厂合格证签注的核载人数为3人，实际核定人数与资料不符，座椅造假等违规情形较多。

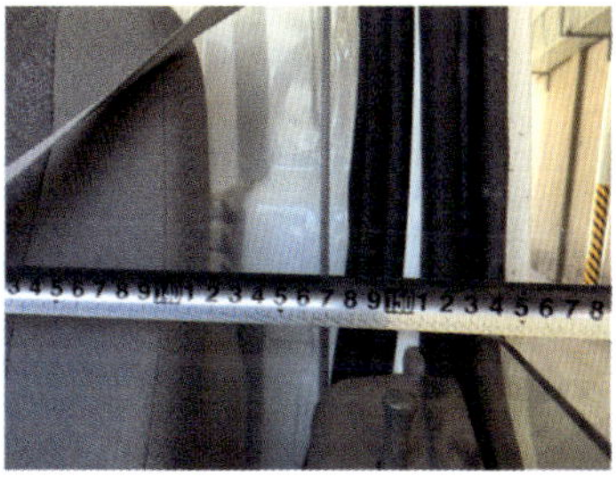

内部宽度不符合核定3人规定

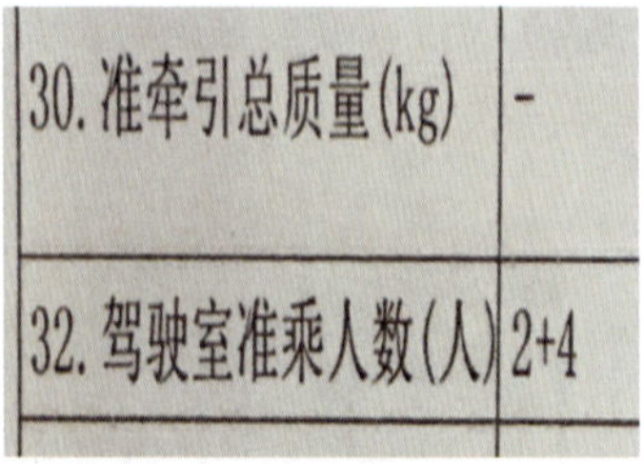

30.准牵引总质量(kg)	-
32.驾驶室准乘人数(人)	2+4

实际核定人数与资料不符

座椅宽度不符合核定人数规定

安装道具座椅

5 标准依据

涉及核定载人数查验标准依据

名　　称	章节	条　　款
《机动车查验工作规程》（GA 801—2019）	5.10	确定核定载人数时，对客车、发动机中置且宽高比小于或等于 0.9 的乘用车、车高大于或等于 1850mm 的小型普通客车，应实车查看座位数、座间距及座椅布置情况，对驾驶室前排核定乘坐 3 人的 汽车，应实车测量驾驶室（区）内部宽度
	附录A 表A.1.5	注册登记查验时，按照GB 7258—2017的4.4.2～4.4.6及11.6核定载客人数/驾驶室乘坐人数。对实行《公告》管理的国产机动车，载货汽车和专项作业车核定的驾驶室乘坐人数、载客汽车核定的乘坐人数与机动车整车出厂合格证明标明的数值应一致且符合《公告》管理的相关规定；对进口机动车，核定的乘坐人数应与进口机动车辆随车检验单证及其他经主管部门认可的技术资料（如：车辆产品一致性证书）一致。其他情况下，座位/铺位数应与《机动车行驶证》记载的内容一致
《机动车运行安全技术条件》（GB 7258—2017）	4.4.4.1	驾驶室（区）的前排座位，按驾驶室（区）内部宽度大于或等于1200mm时核定2人，大于或等于1650mm时核定3人，但每名前排乘员的座垫宽和座垫深均应大于或等于400mm
	4.4.4.2	双排座位驾驶室的后排座位，按座垫中间位置测量的车身内部宽度，在能保证与前排座位的间距大于或等于650mm且座垫深度大于或等于400mm时，每400mm核定1人

续上表

名称	章节	条款
《机动车运行安全技术条件》(GB 7258—2017)	4.4.4.3	带卧铺的货车，卧铺铺位不核定乘坐人数
	4.4.4.5	货车核定乘坐人数应小于或等于6人，专项作业车（消防车除外）核定乘坐人数应小于或等于9人，危险货物运输货车的核定乘坐人数应小于或等于3人
	4.4.6.3	货车驾驶室（区）以外部位设置的座椅和卧铺不核定乘坐人数

18 座椅数量及汽车安全带

1 查验要求

对于申请办理下列业务的载货汽车（三轮汽车除外），查验座椅数量及汽车安全带。

（1）注册登记。

（2）转移登记。

（3）因质量问题更换整车。

（4）转入。

（5）变更迁出。

2 查验方法

查看驾驶人和前排乘员座椅装备的安全带是否齐全，且能正常使用。

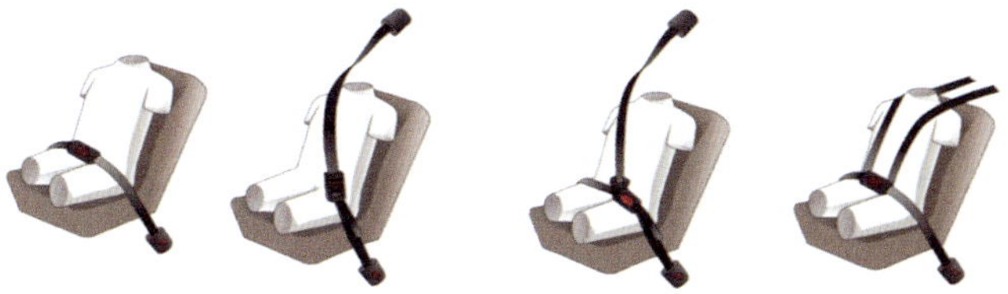

两点式、三点式、四点式安全带

注：1.两点式安全带（腰带）——横跨佩戴者骨盆部位前方的两点式安全带。

2.三点式安全带——由一条腰带和一条肩带组成的安全带。

3.四点式安全带（全背带式安全带）——由一条腰带和多条肩带组成的S形安全带总成。

3 合格要点

汽车装备的汽车安全带应齐全且所有安全带均应能正常使用。

汽车安全带的固定点应合理，不应导致安全带卷带跨越其他乘客的上下车通道。

驾驶人座椅和前排乘员座椅均应装置汽车安全带；驾驶人座椅、前排乘员座椅（前排乘员座椅的中间位置除外）应装备三点式（或四点式）汽车安全带；汽车配备的安全带应能正常使用。

4 常见不合格情形

货车其他排座椅未按照规定设置安全带。

5 标准依据

涉及座椅数量及汽车安全带查验标准依据见下表。

涉及座椅数量及汽车安全带查验标准依据

名　称	章节	条　款
《机动车查验工作规程》（GA 801—2019）	附录A 表A.1.10	汽车装备的乘员座椅数量应与机动车整车出厂合格证明等凭证、技术资料记载的信息一致。汽车装备的汽车安全带应齐全且所有安全带均应能正常使用；汽车安全带的固定点应合理，不应导致安全带卷带跨越其他乘客的上下车通道（乘客的上下车通道不包括停车时需临时移动、折叠座椅以便其他乘客上下车的情形）。 注册登记查验时，2018年1月1日前出厂的乘用车、公路客车、旅游客车、未设置乘客站立区的公共汽车、旅居车的所有座椅，其他汽车（低速汽车除外）的驾驶人座椅和前排乘员座椅均应装置汽车安全带；所有驾驶人座椅、前排乘员座椅（货车前排乘员的中间位置及设有乘客站立区的公共汽车除外）、客车位于踏步区的车组人员座椅以及乘用车除第二排

续上表

名称	章节	条款
《机动车查验工作规程》（GA 801—2019）	附录A表A.1.10	及第二排以后的中间位置座椅外的所有座椅，装置的汽车安全带均应为三点式（或四点式）安全带；2018年1月1日起出厂的乘用车、旅居车、未设置乘客站立区的客车、货车（三轮汽车除外）、专项作业车的所有座椅，以及设有乘客站立区的客车的驾驶人座椅和前排乘员座椅均应装备汽车安全带；除三轮汽车外，所有驾驶人座椅、乘用车的所有乘员座椅（设计和制造上具有行动不便乘客乘坐设施的乘用车设置的后向座椅除外）、总质量小于或等于3500kg的其他汽车的所有外侧座椅、其他汽车（设有乘客站立区的客车除外）的前排外侧乘员座椅，装备的汽车安全带均应为三点式（或全背带式）汽车安全带
《机动车运行安全技术条件》（GB 7258—2017）	12.1.1	乘用车、旅居车、未设置乘客站立区的客车、货车（三轮汽车除外）、专项作业车的所有座椅，设有乘客站立区的客车的驾驶人座椅和前排乘员座椅均应装备汽车安全带
	12.1.2	除三轮汽车外，所有驾驶人座椅、乘用车的所有乘员座椅（设计和制造上具有行动不便乘客乘坐设施的乘用车设置的后向座椅除外）、总质量小于或等于3500kg的其他汽车的所有外侧座椅、其他汽车（设有乘客站立区的客车除外）的前排外侧乘员座椅，装备的汽车安全带均应为三点式（或全背带式）汽车安全带
	12.1.4	汽车安全带应可靠有效，安装位置应合理，固定点应有足够的强度。对于能够折叠以方便进入车辆的后部或行李舱的整体座椅或座垫或靠背，在折叠并恢复座椅到乘坐位置后，依据车辆产品使用说明书，单人就能方便地使用这些座椅配套的安全带，或很容易从这些座椅的下面或后面方便地进行恢复

19 行驶记录装置

1 查验要求

对于申请办理下列业务的载货汽车（半挂牵引车和总质量大于或等于 12000kg的其他货车），查验行驶记录装置：

（1）注册登记。

（2）转移登记。

（3）改变使用性质。

（4）更换车身或者车架。

（5）因质量问题更换整车。

（6）转入。

（7）变更迁出。

2 查验方法

实车查验驾驶室内行驶记录装置外观，以及安装、显示情况。

3 合格要点

要点一：行驶记录装置及连接导线在车上固定可靠，能够正常显示。

要点二：作为行驶记录装置，显示部分应易于观察、数据接口应便于移动存储介质的插拔。

要点三：主机外表面易见部位应模压或印有符合规定的“3C”标识。

4 常见不合格情形

未安装行驶记录仪；行驶记录仪无“3C”标识；行驶记录仪不能正常显示等。

无“3C”标识

不能正常显示

5 标准依据

涉及行驶记录装置查验标准依据见下表。

涉及行驶记录装置查验标准依据

名　称	章节	条　　款
《机动车查验工作规程》（GA 801—2019）	4.1.2 g)	对客车、危险货物运输货车、半挂牵引车和总质量大于或等于12000kg的其他货车，查验行驶记录装置
	4.3.1	对申请转移登记或者变更迁出的机动车，按4.1规定的项目查验机动车，但“车辆品牌和型号”项目除外；属于卧铺客车、专用校车和设有乘客站立区的客车的，还应查验车内外录像监控装置
	附录A 表A.1.18	公路客车、旅游客车、危险货物运输货车，2013年3月1日起注册登记的未设置乘客站立区的公共汽车、半挂牵引车和总质量大于或等于12000kg的货车，2019年1月1日起出厂的其他客车，应安装符合规定的行驶记录仪、具有行驶记录功能的卫星定位装置等行驶记录装置。行驶记录装置及其连接导线在车上应固定可靠。行驶记录装置应能正常显示；如使用行驶记录仪作为行驶记录装置，其显示部分应易于观察、数据接口应便于移动存储介质的插拔，2018年1月1日起出厂的还应配置驾驶人身份识别卡。2006年12月1日起出厂汽车安装的汽车行驶记录仪，其主机外表面的易见部位应模压或印有符合规定的“3C”标识
《机动车运行安全技术条件》（GB 7258—2017）	8.6.5	所有客车、危险货物运输货车、半挂牵引车和总质量大于或等于 12000kg的其他货车应装备具备记录、存储、显示、打印或输出车辆行驶速度、时间、里程等车辆行驶状态信息的行驶记录仪；行驶记录仪应接入车辆速度、制动等信号，规范设置车辆参数并配置驾驶人身份识别卡，显示部分应易于观察，数据接口应便于移动存储介质的插拔，技术要求应符合GB/T 19056的规定

20 防抱死制动装置

1 查验要求

对于申请办理下列业务的载货汽车（三轮汽车除外），查验防抱死制动装置：

（1）注册登记。

（2）转移登记。

（3）改变使用性质。

（4）更换车身或者车架。

（5）因质量问题更换整车。

（6）转入。

（7）变更迁出。

2 查验方法

打开机动车电源，观察“ABS”指示灯并判断ABS自检功能是否正常。

3 合格要点

应安装符合规定的防抱制动装置，且防抱制动装置的自检功能应正常。

4 常见不合格情形

未按照规定安装防抱制动装置、自检功能异常以及ABS造假。

未安装ABS

ABS自检功能异常（常亮）

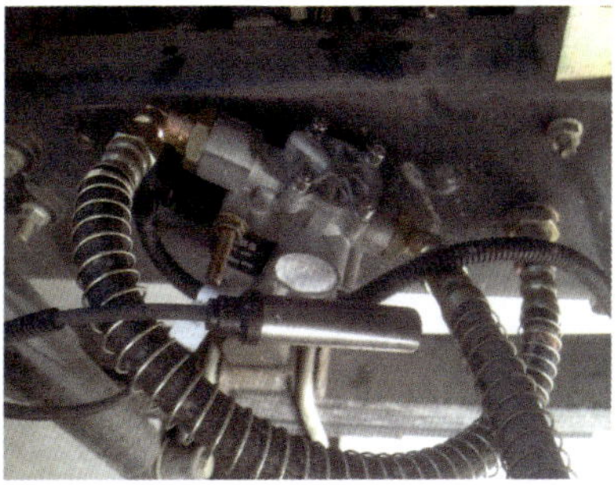

ABS造假

5 标准依据

涉及防抱死制动装置查验标准依据见下表。

涉及防抱死制动装置查验标准依据

名称	章节	条款
《机动车查验工作规程》（GA 801—2019）	4.1.2 o)	对客车、货车（三轮汽车除外）、专项作业车（五轴及五轴以上专项作业车除外）、发动机中置的乘用车及总质量大于3500kg的挂车，查验防抱制动装置
	5.15 d)	打开机动车电源，观察“ABS”指示灯并判断ABS自检功能是否正常，实车查看半挂车，确认机动车是否安装了防抱制动装置
	附录A表A.1.24	防抱制动装置：半挂牵引车，总质量大于10000kg的挂车，专用校车，车长大于9m的公路客车和旅游客车，2012年9月1日起出厂的所有危险货物运输货车和2013年9月1日起出厂的车长大于9m的未设置乘客站立区的公共汽车，2014年9月1日起出厂的总质量大于或等于12000kg的货车和专项作业车（五轴及五轴以上专项作业车除外），2015年7月1日起出厂的发动机中置的乘用车，2018年1月1日起出厂的其他客车、乘用车、总质量大于3500kg且小于12000kg的货车和专项作业车、总质量大于3500kg且小于或等于10000kg的挂车，以及2019年1月1日起出厂的总质量小于或等于3500kg的货车和专项作业车，均应安装符合规定的防抱制动装置，且防抱制动装置的自检功能应正常
《机动车运行安全技术条件》（GB 7258—2017）	7.2.12	所有汽车（三轮汽车、五轴及五轴以上专项作业车除外）及总质量大于3500kg的挂车应装备符合规定的防抱制动装置
	7.9.4	安装具有防抱死制动装置的汽车，当防抱死制动装置失效时，报警装置应能连续向驾驶人发出容易听到或看到的报警信号

21 辅助制动装置

1 查验要求

对于申请办理下列业务的载货汽车（总质量大于或等于12000kg的货车），查验辅助制动装置：

（1）注册登记。

（2）转移登记。

（3）改变使用性质。

（4）更换车身或者车架。

（5）因质量问题更换整车。

（6）转入。

（7）变更迁出。

2 查验方法

查看驾驶室（区）内的辅助制动装置操纵开关或车辆相关凭证和技术资料，确认机动车是否安装了辅助制动装置。

3 合格要点

实车驾驶室（区）内具有辅助制动装置操纵开关、辅助制动指示灯；相关资料凭证标注该车安装了辅助制动装置。其中，常见的辅助制动装置指示灯和布置位置如下图所示。

4 常见不合格情形

未按照规定安装辅助制动装置。

5 标准依据

涉及辅助制动装置查验标准依据见下表。

涉及辅助制动装置查验标准依据

名　称	章节	条　款
《机动车查验工作规程》（GA 801—2019）	4.1.2 n)	对车长大于8m的专用校车和车长大于9m的其他客车、总质量大于或等于12000kg的货车和专项作业车、总质量大于3500kg的危险货物运输货车，查验辅助制动装置
	5.15b)	查看驾驶室（区）内的辅助制动装置操纵开关或车辆相关凭证和技术资料，确认机动车是否安装了辅助制动装置
	附录A 表A.1.24	辅助制动装置：2013年5月1日起出厂的车长大于8m的专用校车，2012年9月1日起出厂的车长大于 9m的其他客车、总质量大于或等于 12000kg的货车、总质量大于3500kg的危险货物运输货车，以及2014年9月1日起出厂的总质量大于或等于12000kg的专项作业车，应装备缓速器或其他辅助制动装置
《机动车运行安全技术条件》（GB 7258—2017）	7.5.1	车长大于 9m 的客车（对专用校车为车长大于8m）、总质量大于或等于 12000kg 的货车和专项作业车、总质量大于3500kg 的危险货物运输货车，应装备缓速器或其他辅助制动装置。车长大于9m的未设置乘客站立区的客车、总质量大于3500kg 的危险货物运输货车、半挂牵引车装备的辅助制动装置的性能要求应使汽车能通过GB 12676 规定的ⅡA 型试验

22 新能源汽车项目

1 查验要求

对于申请办理下列业务的新能源载货车，查验新能源汽车项目。

（1）注册登记。

（2）因质量问题更换整车。

（3）转入。

（4）转移登记。

（5）变更迁出。

（6）申请换发新能源汽车专用号牌。

2 查验方法

对国产汽车，查看《公告》是否标明。

对进口汽车，查看其车型是否在海关总署进口新能源汽车目录范围内。

对插电式混合动力汽车、纯电动汽车（换电式除外）应查看是否具有外接充电接口。

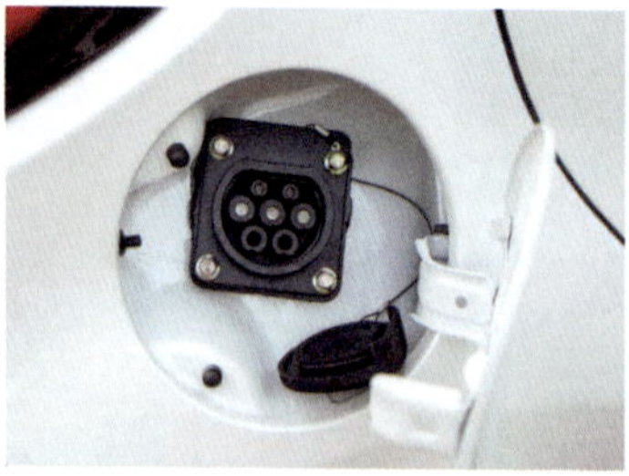

3 合格要点

对国产汽车，其《公告》应标明是否属于新能源汽车及种类。

对进口车，车型是否在海关总署进口新能源汽车目录范围内。其中，对2016年12月1日起进口的新能源汽车，其《进口机动车辆随车检验单》的“检验情况”栏应标明属于新能源汽车。

对插电式混合动力汽车、纯电动汽车（换电式除外）同时具有外接充电接口的视为合格。

注： 部分插电式混合动力汽车，但因续航里程不符合标准的要求，即便相关凭证标注为插电式混合动力汽车，但不应认定为新能源汽车。

4 标准依据

涉及汽车新能源项目查验标准依据见下表。

涉及汽车新能源项目查验标准依据

名　称	章节	条　款
《机动车查验工作规程》（GA 801—2019）	4.1.2 r)	对插电式混合动力汽车、纯电动汽车（换电式除外），查验是否具有外接充电接口
	4.3.6	对申请换发新能源汽车专用号牌的，确认是否属于新能源汽车及新能源汽车种类，查验车辆识别代号、驱动电机号码、车辆外观形状和轮胎完好情况；对插电式混合动力汽车、纯电动汽车（换电式除外），还应查验是否具有外接充电接口
	附录A 表A.1.26	对国产汽车，其《公告》应标明是否属于新能源汽车及种类。对进口汽车，其车型应在海关总署进口新能源汽车目录范围内；对2016年12月1日起进口的新能源汽车，其《进口机动车辆随车检验单》的“检验情况”栏应标明是否属于新能源汽车。 插电式混合动力汽车、纯电动汽车（换电式除外）应具有外接充电接口
《机动车运行安全技术条件》（GB 7258—2017）	4.17.6	插电式混合动力汽车的纯电动续驶里程应大于或等于 50km

23 进口机动车项目

1 查验要求

对于申请办理下列业务的进口载货汽车，查验进口机动车项目：

（1）注册登记。

（2）因质量问题更换整车。

（3）转入。

（4）转移登记。

（5）变更迁出。

2 查验方法

实车查验外部照明和信号装置的配置和光色、车速里程表指示、排气管布置和中文警告性文字是否符合标准规定。

3 合格要点

（1）转向灯的光色应为琥珀色。

（2）后雾灯的光色应为红色，安装位置应符合现行国家标准《汽车及挂车外部照明和光信号装置的安装规定》（GB 4785）的要求，只有当远光灯、近光灯或前雾灯打开时后雾灯才能打开，且后雾灯可独立于任何其他灯而关闭。

（3）车速表可为指针式或者数字式显示，其中一项速度单位有“km/h”表示的，视为满足要求。

（4）汽车发动机的排气管口不得指向车身右侧（如受结构限制排气管口只能偏向右侧时，排气管口中心线与机动车纵向中心线的夹角应小于或等于15°）；且对2020年1月1日起新出厂的汽车，若排气管口朝下则其气流方向与水平面的夹角应小于或等于45°。

（5）机动车标注的（正常查验时能观察到的）警告性文字均应有中文。

4 常见不合格情形

后雾灯及操控键缺失或不符合规定，无中文警告性文字。

后雾灯操控键不符合规定

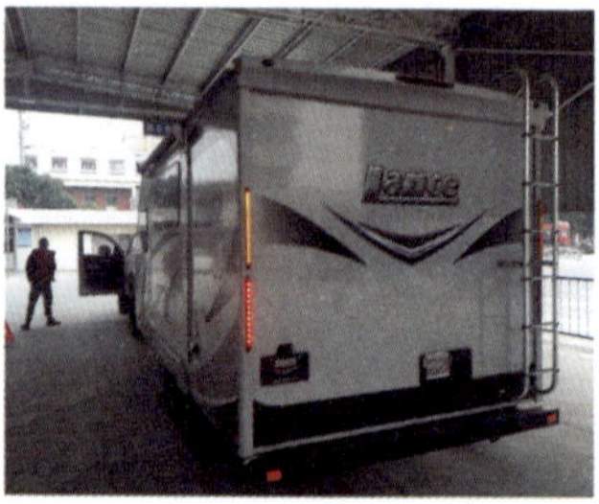

无后雾灯

5 标准依据

涉及进口机动车项目查验标准依据见下表。

涉及进口机动车项目查验标准依据

名　称	章节	条　款
《机动车查验工作规程》（GA 801—2019）	4.1.2s)	对进口机动车，查验外部照明和信号装置的配置和光色、车速里程表指示、排气管布置和中文警告性文字。
	附录A 表A.1.27	外部照明和信号装置：转向灯的光色应为琥珀色，后雾灯的光色应为红色。汽车、挂车后雾灯的安装位置应符合GB 4785—2007的要求，只有当远光灯、近光灯或前雾灯打开时后雾灯才能打开，且后雾灯可独立于任何其他灯而关闭。所有电器导线（不包括正常查验时无法观察到的情形）均应捆扎成束、布置整齐、固定卡紧、接头牢固并在接头处装设绝缘套，在导线穿越孔洞时应装设阻燃耐磨绝缘套管。 车速表指示：车速表可为指针式或者数字式显示，其中一项速度单位有“km/h”表示的，视为满足要求。 排气管指向：汽车发动机的排气管口不得指向车身右侧（如受结构限制排气管口只能偏向右侧时，排气管口中心线与机动车纵向中心线的夹角应小于或等于15°）；且对2020年1月1日起新出厂的汽车，若排气管口朝下则其气流方向与水平面的夹角应小于或等于45°。 中文警告性文字：机动车标注的（正常查验时能观察到的）警告性文字均应有中文。如有英文“warning”等明确属于警告提示内容的均应有相关中文说明，但如无相应文字，或已经用图形表示警告内容，视为满足要求
《机动车运行安全技术条件》（GB 7258—2017）	4.7.3	机动车标注的警告性文字应有中文
	8.2.1	汽车（三轮汽车和装用单缸柴油机的低速货车除外）及挂车的外部照明和信号装置的数量、位置、光色、小几何可见度应符合GB 4785的规定
	12.15.7	机动车发动机的排气管口不应指向车身右侧（如受结构限制排气管口必须偏向右侧时，排气管口气流方向与机动车纵向中心面的夹角应小于或等于15°），且若排气管口朝下则其气流方向与水平面的夹角应小于或等于45°
《汽车用车速表》（GB 15082—2008）	3.3	车速表的速度单位应以km/h表示
《汽车及挂车外部照明和光信号装置的安装规定》（GB 4785—2019）	5.5.1	转向信号灯：配备
	5.11	后雾灯：应配备
	5.11.7	后雾灯：电路连接

24 安全技术检验合格证明

1 查验要求

对申请以下登记业务的载货汽车，核对安全技术检验合格证明：

（1）注册登记。

（2）因质量问题更换整车。

（3）更换车身或者车架。

（4）更换发动机。

（5）加装液压起重尾板。

2 查验方法

核对机动车安全技术检验合格证明时，应审查安全技术检验的项目是否齐全及检验结论是否为合格。

3 合格要点

要点一：安全技术检验合格证明应由本市行政辖区内具备资质的机动车安全技术检验机构出具。

要点二：其内容应包括人工检验项目（车辆外观检查、底盘动态检验和车辆底盘检查等）的检查结果、仪器设备检验项目（制动、远光发光强度等）的检验结果（无法进行仪器设备检验的除外）、路试数据和判定结果（如进行）及整车检验结论，且所有检验项目及整车检验结论均应为合格。

要点三：在用车更换发动机进行安全技术检验时，安全技术检验合格证明上应记载有更换后的发动机型号和出厂编号。

4 常见不合格情形

检验项目缺失、错误判定。

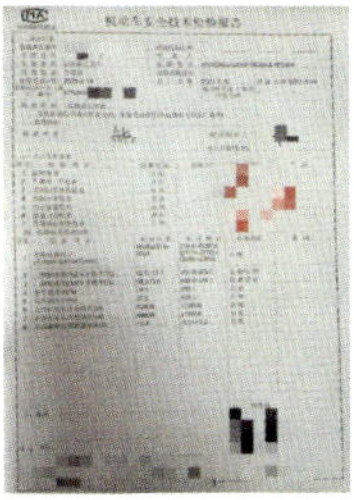

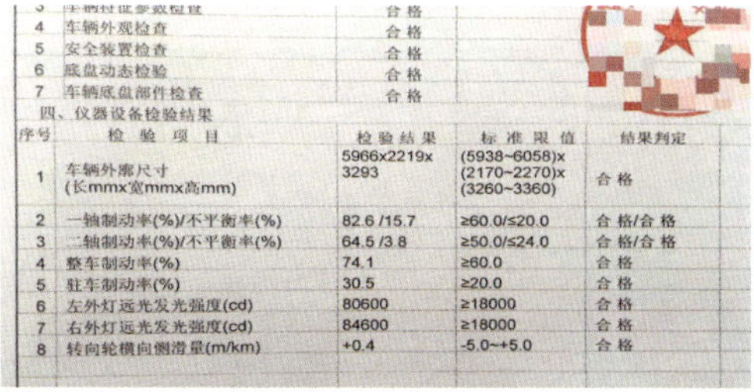

4	车辆外观检查	合格		
5	安全装置检查	合格		
6	底盘动态检验	合格		
7	车辆底盘部件检查	合格		
四、仪器设备检验结果				
序号	检验项目	检验结果	标准限值	结果判定
1	车辆外廓尺寸(长mmx宽mmx高mm)	5966x2219x3293	(5938~6058)x(2170~2270)x(3260~3360)	合格
2	一轴制动率(%)/不平衡率(%)	82.6/15.7	≥60.0/≤20.0	合格/合格
3	二轴制动率(%)/不平衡率(%)	64.5/3.8	≥50.0/≤24.0	合格/合格
4	整车制动率(%)	74.1	≥60.0	合格
5	驻车制动率(%)	30.5	≥20.0	合格
6	左外灯远光发光强度(cd)	80600	≥18000	合格
7	右外灯远光发光强度(cd)	84600	≥18000	合格
8	转向轮横向侧滑量(m/km)	+0.4	-5.0~+5.0	合格

整备质量项目缺失

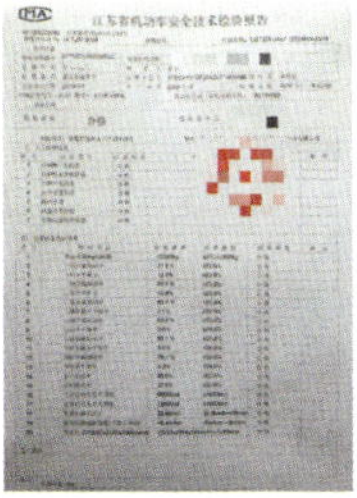

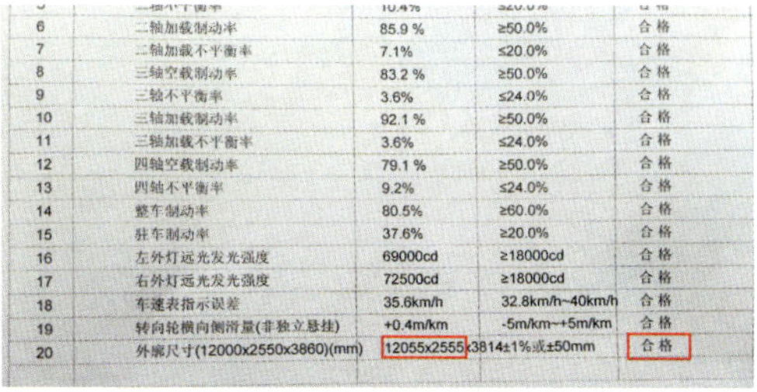

6	二轴加载制动率	85.9%	≥50.0%	合格
7	二轴加载不平衡率	7.1%	≤20.0%	合格
8	三轴空载制动率	83.2%	≥50.0%	合格
9	三轴不平衡率	3.6%	≤24.0%	合格
10	三轴加载制动率	92.1%	≥50.0%	合格
11	三轴加载不平衡率	3.6%	≤24.0%	合格
12	四轴空载制动率	79.1%	≥50.0%	合格
13	四轴不平衡率	9.2%	≤24.0%	合格
14	整车制动率	80.5%	≥60.0%	合格
15	驻车制动率	37.6%	≥20.0%	合格
16	左外灯远光发光强度	69000cd	≥18000cd	合格
17	右外灯远光发光强度	72500cd	≥18000cd	合格
18	车速表指示误差	35.6km/h	32.8km/h~40km/h	合格
19	转向轮横向侧滑量(非独立悬挂)	+0.4m/km	-5m/km~+5m/km	合格
20	外廓尺寸(12000x2550x3860)(mm)	12055x2555x3814	±1%或±50mm	合格

尺寸超限却判定合格

5 标准依据

涉及安全技术检验合格证明标准依据见下表。

涉及安全技术检验合格证明标准依据

名称	章节	条款
《中华人民共和国道路交通安全法》	第十条	申请机动车登记时，应当接受对该机动车的安全技术检验。但是，经国家机动车产品主管部门依据机动车国家安全技术标准认定的企业生产的机动车型，该车型的新车在出厂时经检验符合机动车国家安全技术标准，获得检验合格证的，免予安全技术检验
	第十三条	对登记后上道路行驶的机动车，应当依照法律、行政法规的规定，根据车辆用途、载客载货数量、使用年限等不同情况，定期进行安全技术检验
《机动车查验工作规程》（GA 801—2019）	5.16	核对机动车安全技术检验合格证明时，应审查安全技术检验的项目是否齐全及检验结论是否为合格
	附录A表A.1.22	安全技术检验合格证明应由本市行政辖区内具备资质的机动车安全技术检验机构出具，其内容应包括人工检验项目（车辆外观检查、底盘动态检验和车辆底盘检查等）的检查结果、仪器设备检验项目（制动、远光发光强度等）的检验结果（无法进行仪器设备检验的除外）、路试数据和判定结果（如进行）及整车检验结论，且所有检验项目及整车检验

续上表

名　称	章节	条　款
《机动车查验工作规程》（GA 801—2019）	附录A 表A.1.22	结论均应为合格。 在用车更换发动机进行安全技术检验时，安全技术检验合格证明上应记载有更换后的发动机型号和出厂编号。 机动车安全技术检验机构与车辆管理所已联网且车辆管理所通过机动车安全技术检验监管系统自动比对上述项目和数据的，查验员可不核对安全技术检验合格证明